FBI
心理操控术

美国联邦警察的超级心理策略

金圣荣 ◎ 编著

揭示FBI高效驭人的心理策略，
教你在人际交往中运用心理操控术，识破对方的伪装和谎言

哈尔滨出版社
HARBIN PUBLISHING HOUSE

图书在版编目(CIP)数据

FBI心理操控术：美国联邦警察的超级心理策略／金圣荣编著. —哈尔滨：哈尔滨出版社，2011.11（2023.5重印）
ISBN 978-7-5484-0735-5

I. ①F… II. ①金… III. ①人际关系学—通俗读物 IV. ①C912.1-49

中国版本图书馆CIP数据核字（2011）第238929号

书　　名：FBI心理操控术：美国联邦警察的超级心理策略
FBI XINLI CAOKONG SHU: MEIGUO LIANBANG JINGCHA DE CHAOJI XINLI CELUE

作　　者：金圣荣　编著
责任编辑：李维娜　尉晓敏
版式设计：张文艺
封面设计：朝圣设计
出版发行：哈尔滨出版社（Harbin Publishing House）
社　　址：哈尔滨市香坊区泰山路82-9号　邮编：150090
经　　销：全国新华书店
印　　刷：天津市新科印刷有限公司
网　　址：www.hrbcbs.com
E-mail：hrbcbs@yeah.net
编辑版权热线：(0451)87900271　87900272
销售热线：(0451)87900202　87900203
开　　本：710mm×1000mm　1/16　印张：15.5　字数：186千字
版　　次：2011年11月第1版
印　　次：2023年5月第2次印刷
书　　号：ISBN 978-7-5484-0735-5
定　　价：49.80元

凡购本社图书发现印装错误，请与本社印制部联系调换。服务热线：(0451)87900279

前言
PREFACE

"FBI是谁？是做什么的？"

其实，FBI不是一个人，而是一群人，它的全称是"美国联邦调查局"，是一个既打击犯罪又维护美国司法权力的机构——近年来，FBI在美国的地位不断上升，现在已经成为全美最令国民信服的机构，这是任何侦破和安全机构都不能与之相比的。

"FBI是如何成为当今全球最著名的侦破和安全机构的？"

这个问题的答案有很多个，但是有一个答案最为人们所知——FBI通过研究和分析人的心理，掌握操控人的心理的技术，从而完成侦破和安全工作。准确地说，美国联邦调查局就是通过对犯罪嫌疑人和不法分子的心理的掌控，破获了一起又一起重大案件，创造了在美国社会甚至国际社会上的一个又一个传奇。

美国联邦调查局是当前全球所有犯罪心理研究机构中，对犯罪心理的研究最为出色的机构之一。更值得人们关注的是美国联邦调查局结合社会环境和人性的本质对犯罪主体进行全面的心理研究，从而形成了一门专门掌控犯罪分子心理的技术——"FBI心理操控术"。

"FBI心理操控术"是对犯罪主体进行全方位研究与分析之后的成果，也是美国联邦调查局在一百多年的发展过程中积累的一项宝贵技术，它从犯罪主体的心理与性格特征所体现出来的信息出发，对犯罪心理进行研究，因此具有很大的实践价值。

在美国联邦调查局工作了二十五年的乔·纳瓦罗说："世界上最重要的方式不是你该去怎么做一件事，而是你该和别人怎么去做这件事，我们的社会是一个不可分割的整体，如果你不顾及别人的想法，那么你很有可能遭到全社会的反对。所以，你在做自己本该做的事时，还应该了解别人的想法，读懂别人的心理变化，这样你就能变成一个能够和别人一起做事的人。"因此，我们要想让自己成为别人最愿意去结交、最愿意去信赖的人，那么就应该懂得别人的想法和心理，让彼此完美地融合在一起，这样才能得到自己想要的。

可以说，随着现代社会的快速发展，越来越多的人都希望能够读懂别人的心理变化，因为在当前这个竞争异常激烈的年代，读懂别人的心理变化，成功地操控别人的心理，能够让我们赢得更多的竞争，从而成为社会的强者。

在日常生活和工作中，我们不论是与人交流，还是与人共事，都需要揣摩与我们打交道的那些人的心理变化，分析他们的心理变化给我们带来的影响——不论你是驰骋在商场的经商高手，还是在职场不断晋升的"职场明星"，你都需要掌握一些操控别人心理的技术，这样才能保证你趋利避害，不断地实现人生的飞跃。

我们在实际生活中总是不愿让自己受到别人的伤害，所以我们总是会有意或无意地穿上"伪装服"。而我们在和别人交往的过程中，也总是会试图扒开对方身上的那一层"伪装服"。实际上，我们这样做很累，不但没能看清别人，还使得双方的信任全无。乔·纳瓦罗说："每一个人都会精心地将自己隐藏起来，每一个人也都会努力地去看清别人的真面目，谁都没有错，因为每一个人的内心深处都或多或少地缺乏安全感，都觉得自己一不小心就会受到伤害。"所以，对每个人而言，掌握一门心理操控术是有必要的。因此，跟着FBI的特工去学习心理操控术，无疑是身处激烈竞争中的我们的最佳选择。

本书就是从犯罪心理学的角度，结合FBI的办案经验，对人体语言、性格特征等多方面进行有针对性的分析和阐释，为读者提供了一些实用的心理操控技术和手段，从而让读者在阅读本书的过程中，轻松学会"FBI心理操控术"。

由于编者水平有限，书中难免出现纰漏，欢迎广大读者批评指正。

目录
CONTENTS

Part 01　先观其行再控其心——FBI的形体操控心理策略
1. 行走的姿势是一个人心理的外在表现 002
2. 简单的握手背后折射出别人的内心世界 006
3. 我知道你在想什么——脚比嘴更容易说出真相 012
4. FBI善于从犯罪嫌疑人的笑容中揣摩其内心的变化 018
5. 从对方鼻子的变化中一眼看透对方的心理 023
6. 观察对方的脾气，判断对方的性格 027

Part 02　雄狮与猛虎的交战——FBI的博弈操控心理策略
1. 每个FBI都懂得囚徒困境中的心理博弈 034
2. 加减博弈是每一个FBI特工都懂得的心理博弈法则 039
3. 从点滴中窥视对方心理变化——FBI特工都善于使用
　　"蝴蝶效应"去博弈 044
4. 直接利益博弈原理——抓住对方最为关心的去攻击
　　对方的心理防线 048
5. 换位博弈——懂得换位思考，在博弈中巧妙地摸清对方的心理 053
6. 结果博弈——多用烟幕弹，假设多种结果扰乱对手心神 059

Part 03 瞬间改变对方想法——FBI的言语操控心理策略

1. 初次见面就叫别人的名字是打开戒备心的钥匙 ·················· 066
2. 言语间留有余地，利用迂回方式使对方靠近自己 ·················· 069
3. 改变顽固人的想法可以对其多加赞美 ························· 075
4. 故意贬低对方从而实现转变对方的想法 ······················· 083
5. FBI的车轮心理战术——软磨硬泡，连续攻击 ··················· 088
6. 优化你的谈话技巧，改变对方的心理认知 ······················ 097

Part 04 捕捉眼球转动的信息——FBI的眼神操控心理策略

1. 最容易出卖说谎者的是他的眼神 ···························· 102
2. 读懂眼眉背后的心理 ··································· 107
3. 观察瞳孔的大小挖掘目光后的真相 ·························· 113
4. 眼为心声，透过眼睛洞察对方的内心 ························· 118
5. 仔细观察眼神，通过视线探测对方心理 ······················· 122
6. 捕捉眼球转动的信息，学会操控眼神背后的心理态势 ·············· 126

Part 05 操控其人就是操控其心——FBI有效驭人的心理策略

1. 要想"驭"人，先学会"敬"人 132
2. 震慑效应让对手闻风丧胆 135
3. 八面玲珑化解争执 138
4. 让别人对你言听计从 140
5. 让对方履行诺言的心理技巧 144
6. 满足对方虚荣心的心理策略 148
7. 满足对方要求的心理策略 150
8. 以柔克刚的心理策略 152

Part 06 收买人心是个好套路——FBI笼络人心的策略

1. 出丑效应——故意将自己的劣势暴露给对方 156
2. 喜好原理：对方总愿和与自己有共同语言的人交往 160
3. 降低自己身份，抬高对方身价——笼络人心最实用的心理战术 165
4. 笼络人心就要帮助对手解决后顾之忧 169
5. 巧妙赞美对手的缺点以达到笼络人心的目的 172
6. 微笑效应：可以通过对方的微笑揣摩其心理变化 177
7. 感情投资——笼络人心最温情的法则 179

Part 07　识破谎言的心理密码——FBI识破谎言的心理操控策略

1. 抓住一闪而过的面部表情就能识破对方的谎言 …………………… 184
2. 微笑并不能隐藏真实的谎言 …………………………………………… 187
3. 一些不经意间的动作就能证实他在对你说谎 ……………………… 190
4. FBI的经验之谈：女性更擅长说谎 …………………………………… 195
5. 坚定地不移开视线是说谎的征兆 ……………………………………… 198
6. 有备而来的回答更成为让你看懂对方的说谎讯号 ………………… 201
7. 如何拆穿对方的谎言 …………………………………………………… 206

Part 08　交际中的制胜心理学——FBI人际交往中的心理操控策略

1. 如何让对方敞开心扉，消除对方的心理戒备 ……………………… 212
2. 设法将对方的"主观"变成"客观" …………………………………… 219
3. 刺激对方的参与意识，变"被动"为"主动" ……………………… 222
4. FBI与非嫌疑人之间的交流 …………………………………………… 225

参考书目 …………………………………………………………………… 233

Part 01

先观其行再控其心——
FBI的形体操控心理策略

《成为美国联邦调查局探员》的作者霍尔登说:"每个人的一举一动都是对自己内心状况的真实反映,一个出色的FBI特工是可以从犯罪嫌疑人的动作、表情、眼神中发现一些蛛丝马迹,阅读出犯罪嫌疑人异常的心理状况的。"人的内心是最复杂,也是最神奇的。在这复杂的内心往往会出现一种思维,支配着一个人的行为,所以FBI的特工们势必要掌握一门特殊的心理操控术——通过观察对方的一举一动去阅读犯罪分子的内心,操控对方的心理,是FBI运用心理操控术的主要目的。而在当前这个复杂的现代社会中,我们若像FBI的特工一样,能够在观察别人的肢体语言的同时,了解对方的心理,对我们来说很有好处——谁能够像FBI的特工一样,成为最棒的肢体语言破译者,谁就能轻而易举地操控别人的心理。

行走的姿势是一个人心理的外在表现

对我们来说，走路是再平常不过的事。但是，美国联邦调查局的特工却会告诉你，每个人走路的姿势都是不一样的，而且每个人走路的姿势会反映出他们的心理状况——在不同的心理状况下，每个人走路的姿势都有所不同。

美国联邦调查局的资深心理学专家罗伯特·K.雷斯勒说过："通过观察每一个犯罪嫌疑人的走路姿势，能够发现其在案件发生后的心理状况，寻找犯罪嫌疑人的破绽，从而找出最后的真相。所以，我们在日常生活中，学会从观察别人的走路姿势以判断其心理状况，有利于我们阅读别人的心理，这样我们就能更好地与别人相处，减少纠纷的发生。"

时间是凌晨三点钟，一个穿着花格子衬衫的男人走在奥兰多的商业街上，而在他身后的不远处有两双锐利的眼睛正死死地盯着他。

穿花格子衬衫的男人叫维斯特·杰米瑞，他的真实身份是一名贩毒团伙的老大，不过外界只知道他是当地一家酒吧的老板。而在他后面不远处悄悄跟踪的两个人都是美国联邦调查局的特工，年纪大的叫凯斯特，年轻的叫哈里斯。

"哈里斯，我敢断定，今天晚上我们一定能找到维斯特犯罪的证据。"凯斯特悄声对哈里斯说道。

"为什么？我看他走路的样子，感觉就像是去参加一个派对一样轻松。你怎么就敢断定今天晚上能够找到他的证据？我可不相信。"哈里斯不相信地答道。

"不，等你像我一样做了近二十年的FBI特工的时候，你就会同意我刚才说的话了。现在你只需要好好跟踪就可以了，我会帮助你找到他的证据的，小伙计。"凯斯特一脸自信地说道。

"哦，那就借你吉言了，老伙计。"

哈里斯的话音刚落，就看见维斯特突然闪进路边的一个会计所。令人疑惑的是，到了凌晨三点，一般的会计所肯定会熄灯关门的。为什么这家会计所还透出微弱的亮光呢？而进去的维斯特肯定不是去找会计师做财务的，里面的人也不可能是在加班——大毒枭深夜闪进一家会计所，即便是做财务，也是不合法的财务。

当维斯特进入会计所后，凯斯特和哈里斯立刻带领潜伏在周围的其他FBI特工冲了进去，结果收缴了大包毒品，将维斯特逮了个正着。事后，哈里斯问凯斯特为什么知道他们能在那天晚上人赃并获，凯斯特告诉他："他走路的姿势和之前有很大的不同，之前他走路的时候都是挺直腰板一副很严谨的样子。但是那天晚上却走得很轻松，而且还时不时地左顾右盼。这明显说明他有事情，而且还是需要掩人耳目的事情。"

从犯罪嫌疑人的走路姿势判断其心理，这是FBI特工最常用的一个破案手法，因为人在特定的心理状况下，走路的姿势会与其正常走路的姿势有不同之处，而这种不同恰恰暴露出破绽。因此，我们在判断别人的心理状况时，可以通过观察他们的走路姿势来读懂其内心。

下面我们就来看看，FBI特工是如何通过观察别人的走路姿势来探视其内心状况的：

（1）一些走路姿势一直保持大踏步向前的人，速度突然变慢，而且步子显得比较碎，这说明他们的内心正在被某些事情困扰着

美国联邦调查局的资深心理学专家罗伯特·K.雷斯勒说："那些平时大踏步向前走的人，通常都是身心健康、品行善良的人，不过这种人却十分好胜和顽固。因此，当这类人成为嫌疑人时，如果他们一改之前的走路姿势，那就说明他们有作案的动机。"

一个平时惯于大踏步向前走的人，说明其内心是非常坦荡的，这类人往往比较正直。但是，这类人也都有一个很突出的特点，那就是做事容易冲动，很可能因为一件不顺心的事就做出极端的行为。所以，当我们和走路姿势是大踏步向前走的人交往之时，一定要注意其内心的变化，仔细观察其走路姿势，如果其走路姿势发生变化，就说明其内心也在变化，这个时候我们应该做好准备工作，防止其出现极端状态，做出伤害我们的事情。

（2）相反地，那些走路姿势一直都惯于小碎步且步伐较急的人突然变成大步向前走，这说明他们的内心已经起了变化

美国联邦调查局的心理培训官杰森·哈斯勒姆认为，那些以小碎步姿势走路且步伐较急的人，通常都是性情非常急躁的人，不过也可能是因为腿短所致。一般这类人走路的姿势变成大步向前走的时候，说明其此时的心情非常急躁，甚至烦躁不安。而这类犯罪嫌疑人在犯案的前后都会变成大步向前，其犯罪愿望也非常强烈。

因此，我们在和这类人交往的时候，一定要注意对方走路姿势的变化——当他们一改往日的小碎步开始大步向前的时候，说明他们内心的愤怒可能已经达到了顶点，这个时候我们就应该提高警惕，谨防对方做出伤害我们的事情。

（3）拖着鞋子走路的人或是鞋跟磨损很严重的人通常思想都比较消极

美国联邦调查局的资深心理学专家罗伯特·K.雷斯勒说："那些拖着鞋子走路的人，或者鞋跟磨损很严重的人，都是思想比较消极的人，因此这类犯罪嫌疑人往往都有着很强的忌妒心，他们犯的案子大多数都是因为忌妒他人而伤害他人。"

一般来说，这类人在生活中都不够积极，总是希望通过简单的付出收获丰厚的回报。因此，一旦这些人走路的姿势发生变化，很可能做出伤害身边人的举动，尤其容易伤害那些跟自己关系最近且比自己成功的人。所以，我们在日常人际交往的过程中，如果发现这类人的走路姿势不同于往常，那么我们就应该小心提防了。

（4）走路步伐比较凌乱的人通常都比较神经质，而且性格较为叛逆

美国联邦调查局的心理培训官杰森·哈斯勒姆认为，那些走路步伐比较凌乱的犯罪嫌疑人，都有一个共同的特征，那就是比较神经质，而且性格非常的叛逆。他们通常对自己身边最亲近的人具有很大的敌对情绪，严重伤害的往往是身边最为亲近的人。

一般来说，那些走路步伐比较凌乱的人，在日常生活中最讨厌别人督促自己或者约束自己。由于他们既比较神经质又非常叛逆，因此总是认为自己做的都是对的，一旦别人提出相反的意见，就会闹情绪，甚至还会做出非常极端的事情，给自己身边的人造成很大的伤害。所以，我们在日常生活中与那些步伐较为凌乱的人接触之时，如果发现其走路姿势发生变化，就必须提高警惕，以免他们对你造成伤害。

2 简单的握手背后折射出别人的内心世界

在我们的日常生活中，握手是一个再简单不过的动作，是人与人之间表示友好的礼节。可是，美国联邦调查局的特工却能够从这个简单的动作背后，准确地捕捉到别人的内心世界，从而成功地抓获罪犯。

美国联邦调查局的心理培训官杰森·哈斯勒姆说过："人在握手的时候，不同的心情会有不同的表现，这个动作就像一个心理密码翻译器，能够解读人的内心想法。所以，特工们在和犯罪嫌疑人握手之时，会注意对方的各种变化，尽量在与对方握手时找到蛛丝马迹。"

所以，如果我们也能够像FBI一样，根据握手时表现出来的态度、握手的力度以及握手时的其他行为来分析一些有用的信息，那么我们就能在与对方进行简单的握手之后，准确地掌握其心理状况，从而实现操控对方心理的目的。

1981年的秋天，美国联邦调查局的一名特工在执行任务时，开枪击中了一名苏联特工。本来这种两国特工互相交手的情况很常见，吃亏的一方也只能是哑巴吃黄连。可是，苏联的情报部门对此却感到非常的不高兴,他们认为这是一种耻辱,为此,他们派出三名特工去刺杀那名美国特工。

就在当年11月末,苏联派出的三名特工抵达美国得克萨斯州北部城市达拉斯,因为他们的目标人在达拉斯的一家网络公司做营销人员。

12月2日,苏联的三名特工开始了行动,他们先是到目标人所在的公司熟悉环境,准备找合适的刺杀地点。在出发前,三个人都戴上了手套,这在冬天也是很常见的事情。

在他们去往目的地的过程中,其中一个人却不小心掉了一只手套,因此他索性连另外一只手套也摘下来扔掉。当他们三人到达目的地的时候,正好看见他们的目标人从里面走出来。于是,他们佯装在一边瞎转悠,等对方走后再查看周围环境。但不巧的是,当目标人从他们身边走过时,正好有一阵风吹过,他们中个子最高的那个人的黑色礼帽被吹到了地上。

令人惊讶的是,目标人竟然弯下腰捡起那顶帽子交给高个子,然后非常友好地伸出手和他们握手,并说了一句:"嘿,伙计们,今天可真是够冷的啊!"说完后,他就坐上一辆出租车走了。

然而,令人意想不到的是,半个小时后,当三名苏联特工在选定完刺杀地点刚准备离开时,突然十几个FBI的特工出现在他们面前,将他们全部抓走。为什么这三名苏联特工在这么短的时间内就被抓获了呢?原因就在于那次无关紧要的握手——目标人在与他们握手的时候发现了那个没戴手套的人手上有枪磨出来的茧子,并且他的手正在哆嗦,而他也早就知道苏联的特工要杀他的消息,所以他在与他们握手的时候就确定这三个人就是来杀他的。

一次看似简单的握手,就能导致一次行动失败,在这件事情的背后,我们应该看到的是:握手并不仅仅是一种简单的身体接触,更多的是一种显示人内心世界变化的肢体语言。所以，美国联邦调查局的高级特工、《我的FBI生涯》的作者弗里说："我们在握手的同时，要注意对方的情绪变化，握手表现出来的肢体语言是可以阅读对方的内心世界的，从而获得自己想要的信息。"

美国联邦调查局的心理培训教材记录着一个非常著名的案例：

1987年，利比亚的一艘商业运输船在返回利比亚的时候，遭到了伊拉克海军的拦截。最后，利比亚的这艘商业运输船被伊拉克海军强行扣留，伊拉克外交部发布消息称：这艘利比亚商业运输船上藏有反伊拉克政府的武装分子。

利比亚政府在得知这一消息后非常愤怒，连夜对这一事件作出分析判断，认为这是伊拉克政府想窃取他们商业机密的计谋。当时，利比亚政府的态度非常强硬，他们甚至制订了进攻伊拉克的作战计划。

事后，伊拉克政府将那艘船带回国内检查后发现，根本连一个反伊拉克政府武装分子的影子都没有。在一无所获之后，伊拉克政府马上意识到了问题的严重性，立刻给利比亚政府发了一封道歉信。伊拉克外交部也马上联系了利比亚外交部，商量如何解决这一事件。

于是双方很快见面进行会谈，双方一见面就按照传统礼仪握手。就在握手的过程中，伊拉克外交部长将自己的右手手掌斜着向上伸出，以表示自己解决这一事件的真诚态度，渴望得到利比亚方面的原谅。同时，利比亚外交部长也在与伊拉克外交部长握手时感受到伊拉克方面的真诚，也因此增加了力度，并多握了几秒钟。由于双方都感受到彼此的诚意，会谈在十分友好的气氛中进行，双方在最短的时间内达成了谈判协议，结果伊拉克向利比亚道歉，同时赔偿其经济损失。一次看似很有可能发生武力冲突的事件就这样轻而易举地化解了。

我们可以从这个案例中看出：一个简单而又真诚的握手动作，可以化解一场武力冲突，避免战争的爆发，而在这个握手动作的背后，折射出来的是肢体语言对人内心的影响——几乎每个人都可以通过肢体语言反映出自己的内心世界，这也促进了人与人之间的有效沟通。

在日常生活中，如果我们能像FBI一样，在握手的时候就读懂对方的内心，那么我们就能够成功地操控对方的思维，实现自己的目标。下面我们就来看看FBI是如何在握手的短时间内，读懂对方的心理的：

(1)用力握手的人

美国联邦调查局的第二任局长路易·帕特里克·格雷说："那些在握手之时用很大力气的人，往往希望别人在握手的那一刹那能感受到自己的真诚。然而，那些在握手之时花大力气的人大多是一些性格较为开朗，自信心很强的人。他们在日常生活中非常善于和他人交流，往往是交际高手。"

不过，那些平时用力握手的人，多半会有自信心过强的坏毛病，他们总是以自我为中心，会将自己的欲望表现得淋漓尽致，显得非常强势。所以，我们在和这类人交往时，要尽可能地坚持自己的立场，切不要被对方的强势压制住，要在保持良好合作关系的前提下保证自己的利益。

(2)握手时力气非常小的人

美国联邦调查局的心理培训官杰森·哈斯勒姆认为，那些在握手的时候力气非常小的人，都是爱憎分明却又性情随和的人，他们就像一个矛盾体，会将自己的喜怒哀乐都表现出来，但是表现的方式却极为含蓄。这类人通常比较敏感。不过他们总会提醒自己要隐忍，因此他们也不轻易将自己的真实感情表露出来。这样的人在和别人相处的时候，总能包容别人，会和大家相处得很融洽，能够很好地处理人际关系。握手之时力气非常小的人大多性情比较温和，不会争强好胜，也不喜欢出风头。

此外，那些在握手时力气非常小的人通常都有这样一个特点：他们和身边的每个人都保持着不错的关系，但是却没有几个人能真正和他们"零距离"交往，他们不轻易让别人走近自己的内心世界，即便是自己的亲人。更为重要的是，他们缺乏足够的自信，虽然表面上看起来是一个非常自信的人，实际上内心深处却非常脆弱。因此，我们在和这类人交往的时候，一定要懂得用自己的信心去引导他们，让他们的思维跟着我们走。从而成功操控他们的心理。

（3）握手后紧紧不放的人

美国联邦调查局的第二任局长路易·帕特里克·格雷还说过，那些在与人握手后紧握不放的人，通常都是一些个性很忠厚的人。这类人感情较为丰富，他们通常都有一颗爱憎分明的心，为人十分随和，当别人向他们倾诉时，他们愿意做最好的倾听者，并会发表一些有参考价值的意见。

但是，那些握手后紧紧不放的人虽然为人随和，但是却非常敏感，其心理受外界环境影响较大。当他们看到别人需要帮助的时候，容易产生恻隐之心，也愿意尽自己的最大努力去帮助别人。在他们看来，帮助别人就是帮助自己。

不过，这类人通常也都心思缜密，他们不喜欢别人在自己面前耍小聪明。所以，我们在和这类人交往时，要尽可能地谨慎一些，不要让对方觉得我们不够严谨，从而使得他们不愿意与我们合作。

（4）主动握对方手的人

美国联邦调查局的资深心理学专家罗伯特·K.雷斯勒认为，那些主动握对方手的人，其性格通常都很直爽。他们从来不会在意对方的身份、地位，都会率先将手伸出去。从表面看来，虽然他们都是非常热情的人，但是他们的内心却不一定是这样的。

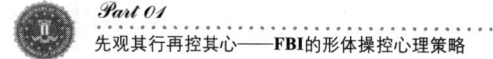

这些主动握对方手的人大多数都是很功利的,他们很看重个人利益,只要个人利益受到一点点损失,他们便会耿耿于怀。所以,对那些主动去握对方手的人而言,我们和这类人交往的时候一定要谨慎,不要因为一些小利益而和他们闹得不愉快。

3
我知道你在想什么——
脚比嘴更容易说出真相

很多人都有这样的体会：如果我们在工作和生活中遇到非常不顺心的事情，都会气得跺脚以表达自己内心的愤怒；如果我们在工作和生活中遇到非常开心的事情，则会双脚向上起跳以表达自己内心的喜悦。所以，美国联邦调查局的心理学专家一致认为：脚部信息更能直观地反映出一个人的内心状况和性格特征，要操控别人的心理变化，不妨先从观察别人的脚部动作变换开始。

美国联邦调查局的心理学专家罗伯特·K.雷斯勒在经过大量的实验后发现：脚虽然是距离人的大脑最远的身体部位，也是人体最末端的身体部位，但是脚向人们反映出来的信息的可信度却并不比身体的其他部位差，换言之，脚反映出来的信息往往比其他身体部位反映出的信息有着更高的可信性。因此，美国联邦调查局的特工在审讯犯罪嫌疑人和侦破案件的时候，总是会关注对方的脚部姿势的变化，从而发现对方的犯罪心理，最终一举侦破案件。用他们的话来说就是："我知道你在想什么，你的脚比嘴更容易说出真相"。

1997年4月21日16时，在佛罗里达州的一所监狱内，有两个行色匆匆的中年男子快步走进一间没有窗户的屋子——审讯室。这两个中年男子分别是戴蒙和查尔莫斯，他们都是美国联邦调查局的高级特工，此次他们负责一起恶性杀人案，犯罪嫌疑人叫里基·卡尔林斯。

在戴蒙和查尔莫斯走进审讯室五分钟之后，里基·卡尔林斯就被两个警员带了进来。里基·卡尔林斯曾经是一名大学教授，长得很斯文，他在看到两名审讯官之后，表情十分淡定。毕竟，这样的审讯他已经不是第一次经历了。令特工们感到棘手的是，高智商的他有着充分的证据证明自己与这起案件无关，他几乎隐匿了所有的线索，除了留下一件没有指纹的作案工具。

审讯开始后，戴蒙和查尔莫斯就告诉里基·卡尔林斯，他们是FBI高级特工，专门负责破获这起恶性杀人案。戴蒙和查尔莫斯本想用FBI高级特工的身份给里基·卡尔林斯施压，让其在高压下露出破绽。

可是，心理素质非常好的里基·卡尔林斯并没有被他们FBI高级特工的身份给吓住。在连续审讯了一个多小时后，里基·卡尔林斯竟没有一点儿透漏有用信息的意思。面对两位FBI高级特工的一脸无奈，里基·卡尔林斯心里非常得意。

"如果你是真正的凶手，那么你为什么不会使用枪呢？"查尔莫斯突然在里基·卡尔林斯放松下来的时候发问。紧接着，查尔莫斯一口气连续问了好几个类似的问题。

"如果你是真正的凶手，那么你为什么不会使用刀子呢？"

"如果你是真正的凶手，那么你为什么不会使用锤子呢？"

"如果你是真正的凶手，那么你为什么不会使用棍子呢？"

"如果你是真正的凶手，那么你为什么不会使用铲子呢？"

查尔莫斯口中的铲子就是作案工具，这是所有人都知道的。不过，在查尔莫斯问道铲子之后，他就不再发问了，而是说了一句：

"你不用再狡辩了，你就是那个手持铲子行凶的浑蛋。"因为查尔莫斯已经证实了真凶就是里基·卡尔林斯。原来，里基·卡尔林斯在被问到"铲子"这一问题的时候，他先是将脚换了个姿势后才回答——里基·卡尔林斯的脚出卖了他，经验丰富的查尔莫斯根据其换脚的姿势捕捉到他内心的秘密。

结果这起案件被成功侦破了，凶手就是里基·卡尔林斯，而案件能够被侦破，就是因为查尔莫斯和戴蒙在审讯里基·卡尔林斯时，在把他当做第一嫌疑人审查的基础上，找到他脚的姿势变换而露出的破绽。

人们在日常交往中总是会先关注别人的上半身，这既是一种视觉习惯，又是对别人的一种尊重。不过，这使得人们很少关注别人其他部位的变化，尤其是脚部的变化。而FBI的心理操控术恰恰通过观察犯罪嫌疑人脚部变化来窥探其内心的变化，这也一直是他们破案的重要技巧——人的脚部因为很少受到关注，经常成为一些人传递内心信息最为丰富的部位，所以观察别人的脚部就能够获得很多有用的信息。

我们可以从上面这个案例中看出：说谎者总会通过做一些小动作来掩饰自己的谎言，他们的这些小动作在普通人看来并没有多大变化，也很少对此感到怀疑。不过，当他们话语中露出破绽之时，他们就会马上用一些动作去掩盖，企图逃脱别人的怀疑。但是不论他们怎么去掩盖，他们的脚部动作总会有意无意地将他们出卖。

美国联邦调查局的资深心理学专家罗伯特·K.雷斯勒曾经做过一个这样的实验：他将两个人分别带到不同的环境，然后问了相同的问题——你们喜不喜欢这个环境？回答喜欢的人将得到2000美元。很明显，这个问题就是一道诱导性的问题。第一个被询问的人回答："很喜欢当前的环境"，这名测试者在接受询问的时候表现得很平静，问题回答得很有条理，也没有多少的小动作，最为重要的是，他的脚部一直保持着同一个姿势；第二个被询问的人也回答："很喜欢当前的环境"，但是这名测试者总是用很多的小动作来掩饰自己内心的不安，而且他的脚部动作在短短的问话时间内变换了好几次。

于是，罗伯特·K.雷斯勒将第二个测试者叫了出来，直接指出他在说谎。为此，这个测试者非常不解。罗伯特·K.雷斯勒对其解释说："因为你不断地变换脚部动作，说明你的内心世界非常不平静，而且你的表情也很古怪，因此我敢断定你在说谎。"

由此可见，一个人的脚部反映出的信息是极具参考价值的，因此美国联邦调查局根据其一百多年来的经验和研究，总结了一个人脚部动作的变化所反映出来的心理和性格特征：

(1)惯于以外八字姿势站立的人比较自信

美国联邦调查局的资深心理学专家罗伯特·K.雷斯勒认为：那些惯于以外八字姿势站立的人通常有一定的社会地位，他们有可能是企业的领导，或是机构的管理者，而这个动作也是他们同下属谈话之时最常摆出的一个动作。这类人大多数都非常自信，而且他们都是很有气场的人。

不过，这些惯于以外八字姿势站立的人都是很有城府的人，他们喜欢用命令式的口吻说话。通常来说，男人所占比例较大，因为男人为了显示自己较为强势的一面，会不自觉地摆出这种姿势。

(2)惯于以一只脚在后、一只脚在前的姿势站立的人

美国联邦调查局的心理学专家罗伯特·K.雷斯勒认为：那些喜欢以一只脚在后、一只脚在前的姿势站立的人，他们的内心其实非常缺乏安全感，故而采取这样的一种方式去缓解他们内心的紧张。通常来说，那些喜欢以一只脚在后、一只脚在前的姿势站立的人，都是一些性格内向，不太喜欢与别人沟通的人。他们很少会对别人说出自己的真实想法，因为在他们的内心深处对别人有着很强的戒备心。

那些以一只脚在后、一只脚在前的姿势站立的人之所以会形成这样的性格，主要是因为他们小时候的成长环境非常不好。所以，当他们和别人交流的时候，总是选择将一只脚放在另一只脚的前面，这样让他们感觉在空间上占有很大的优势，从而增强其内心的安全感。

（3）落座时喜欢将手放在膝盖上，且把重心放在另一只脚上的人非常强势、果断

美国联邦调查局的心理学专家罗伯特·K.雷斯勒认为，那些落座时喜欢将手放在膝盖上，并把身体的重心放在另一只脚上的人，他们通常都是在用这种动作传递一种信号——"我已经准备好了，现在可以交谈了。"这些人通常都比较强势，他们做事也非常讲究效率，不喜欢浪费自己的时间，同时也不喜欢浪费别人的时间，所以他们给人的第一印象就是做事果断，从不拖泥带水。当他们摆出把手放在膝盖上，且将身体重心放在另一只脚上的姿势时，就表示他们已经没有足够的耐心再和别人谈下去了，他们将马上起身离开。

在现实生活中，我们经常能够看到这样一种现象：那些非常强势的领导和管理者在与人谈话的时候，如果将手放在膝盖上，并把身体重心放在另一只脚上，下一个动作就是站起来对对方说再见。所以，当我们在和别人交谈的时候，一旦发现对方将手放在膝盖上，并把身体重心放在另一只脚上，我们就应该尽快结束谈话，因为对方已经没有耐心和我们继续谈论下去了。

（4）双脚喜欢来回抖动的人往往比较浮躁

美国联邦调查局的心理学专家罗伯特·K.雷斯勒认为，那些双脚喜欢来回抖动的人，都是内心比较浮躁、做事情不够稳重、缺乏城府的人。一般来说，那些双脚喜欢来回抖动的人都比较敏感，当他们收获成功的喜悦时，常常都会情不自禁地抖动双脚，并且非常有节奏。在别人看来，他们就像长不大的小孩子——他们抖动自己的双脚时表现出来的快乐，丝毫不掺杂其他因素，做这个动作就是为了把自己内心的快乐传递给别人，同时也让自己的内心得到满足。

　　罗伯特·K.雷斯勒认为，从抖动双脚的这一习惯可以看出，一个人是否对生活产生了不满，那些从来都不抖动双脚的人，除了残疾人和赌徒，其他人多半对生活感到不满。所以，罗伯特·K.雷斯勒认为，我们应该结合当时的环境，通过双脚来回抖动这一因素来判断一个人的内心变化，就能够摸清对方的心思，成功地操控对方的心理。

4
FBI善于从犯罪嫌疑人的笑容中揣摩其内心的变化

笑容是世界上最美好的东西,它能够让别人感觉到温馨与快乐,但是并不是所有的笑容都令人感到舒服。如奸笑、冷笑、嘲笑等都让人不悦。心理学家对笑容的解释是:笑容是人类社会中普遍存在的一种表情,是人类内心世界变化的最直接表现方式;笑容是人类与生俱来的一种形体语言,一般在受到外界环境的刺激之后产生。

美国联邦调查局的特工在侦破案件的时候,总会非常仔细地观察犯罪嫌疑人的笑容,并且非常善于从他们的笑容中获得破案信息。美国联邦调查局的资深心理学专家赛琳杰说:"在形形色色的犯罪嫌疑人中,他们都有着普通人一样的笑容,他们的笑容清楚地揭示了他们内心世界的变化,并让他们的犯罪动机一点一点地显露出来。"

美国联邦调查局的心理培训教材就写有这样一个著名的案例:

华尔街的一家知名投资银行在短短一个月内就发生了数起现金丢失案,总共损失了1 000多万美元。虽然这家投资银行的行长协助FBI的特工仔细地查看了银行的金库以及业务上的往来,但是并没有发现任何蛛丝马迹。最后,FBI的特工和银行行长对该行的业务清单仔细进行了排查，也没有发现任何异常。于是，他们都怀疑是不是银行的数据被篡改了。

FBI特工将该银行的所有管理者都召集起来，并对他们进行了单独询问，可还是没有得到任何有价值的线索。正当FBI特工一筹莫展时，该行行长为FBI特工提供了一条重要线索——半个多月之前，一名叫谢尔那·保罗的技术员对银行的数据系统进行过一次维护与升级。

于是，FBI特工立刻将这名技术员找出来，并对其进行了审讯。在审讯过程中，这名技术员百般狡辩，坚决不承认自己就是作案的人。就在FBI特工几乎相信他是清白的时候，他的嘴角突然露出一丝不屑一顾的冷笑。此时正好有一个FBI的特工看见了他脸上的那丝不易察觉的冷笑。为此，这个FBI特工立刻说服上司，对这个技术员进行一次强度更大的审讯，最终这个技术员在高压下终于承认了他就是银行现金盗窃案的真正罪犯。

由此可见，一丝不易察觉的冷笑就能成为一起现金盗窃案的破案线索，这种从笑容的背后窥视对方内心变化的技巧值得我们每一个人学习——当我们遭遇竞争的时候，更应该善于观察对方的笑容，像FBI的特工一样，通过一个简单的笑容来捕捉竞争对手的心理变化，从而让我们成功操控竞争对手的心理，实现我们的目标。

一次，美国联邦调查局的科尔曼警官对一名意图在闹市区纵火的犯罪分子进行了调查。这名犯罪分子只有十二岁，还是一中学生。当科尔曼问这个小犯罪分子为什么要去闹市区纵火的时候，小男孩却给出了一个令科尔曼非常难过的答案——"我是一名生活在孤独中的孩子，我的爸爸妈妈经常不在身边，我想去闹市区纵火的目的只有一个，那就是希望他们能够回家来看看我。"

"你的爸爸妈妈从来不回家看你吗？科尔曼摸着小男孩的脸蛋问

道。

"在我很小的时候,爸爸妈妈还经常回家看我,我大概一个星期就能够见到他们一次。我们一家人经常到游乐园去玩,我最喜欢玩水上滑梯了,可好玩了。"小男孩一边说一边露出幸福的笑容。

科尔曼从小男孩脸上绽放出的幸福笑容判断这个孩子没有骗他。

"那以后呢?"科尔曼接着问道。

"后来他们开了一家咖啡馆之后,回家的次数就越来越少了,刚开始几个礼拜才回家看我一次。后来,他们都不回家看我了,都是给我打个电话,然后给保姆一笔钱,照顾我的生活。可是,我真的很想他们,我打电话要求他们回家陪陪我,起初他们也回来过几次,但是后来他们总是给我打电话推托说以后回来看我。每当看到我的好朋友杰姆和他爸爸妈妈一起去吃炸鸡的时候,我就非常羡慕。最后我就想出了纵火这个主意,我想我被关进监狱的时候,他们应该会回来看我。"

这时候,科尔曼发现小男孩的笑容里写满了忧伤。于是,科尔曼判定小男孩没有说谎。

我们可以从上面这个案例看出:不同的笑容反映了不同的内心变化,通过一个人的笑容就能直观地了解一个人的内心世界的变化,并解读出其笑容背后的真正意义。

美国联邦调查局的资深心理学专家、《我的FBI生涯》的作者弗里说:"每一张笑脸的背后都有着很多不为人知的秘密,在这个简单的表情中,总反映了人的很多的内心变化。"可以说,一个人的笑容反映出的信息是极具参考价值的,因此美国联邦调查局根据一百多年来的经验和研究,总结出一个人的笑容变化所反映出来的心理和性格特征:

(1)抿嘴笑的人最直接的表现就是其笑容中有着很多的心理暗示

美国联邦调查局的资深心理学专家、《我的FBI生涯》的作者弗里认为，抿着嘴笑是一种不确定的表情，说明露出这种笑容的人的大脑中正在进行着激烈的思考，或者此时内心非常忐忑。一般来说，抿嘴笑的人最直接的表现就是一种潜在的拒绝，他们在没有考虑周全的时候，不会直接作出某项决定，所以抿着嘴笑就是告诉对方，他还需要再思考，目前不会直接答复对方。

在FBI特工看来，那些笑起来抿着嘴的人总喜欢掩饰一些内心的想法，因为他们内心的真实想法可能与之前所说的话有一定的差异。因此，FBI的特工建议，我们在遇到抿嘴笑的人之时，一定要提高警惕，通过他们的言谈举止来判断他们所说的话的准确性，千万不要被他们的模棱两可的话语欺骗了，更不要指望能够直接从他们的嘴里得到有价值的信息。

(2)皮笑肉不笑的人一定要警惕，他们的笑容中很可能隐藏着不良念头

美国联邦调查局的资深心理学专家、《我的FBI生涯》的作者弗里认为，那些皮笑肉不笑的人大多数都比较暴戾，而且他们的城府还很深。通常来说，那些经常皮笑肉不笑的人总喜欢阿谀奉承，他们对待比自己强势的人，总显得特别卑微，而对待比自己弱势的人总是一副趾高气扬的样子。

FBI特工认为，这样的人在与人交往的过程中会表现得非常狡猾与老到，他们总是善于观察别人的一举一动，总是会根据别人的内心变化来控制别人。更为重要的是，FBI特工在长期的办案过程中发现，很多人在与这些皮笑肉不笑的人打交道的过程中，总是吃亏或受到伤害，他们之所以露出这种笑容往往是因为他们心术不正。为此，FBI特工提醒人们：皮笑肉不笑的人一定要警惕，他们的笑容中很有可能隐藏着不良念头。

(3)笑时不发出任何声音的人较为保守

在FBI的资源特工肯尼·威尔逊看来，那些笑时只微笑而不发出声音的人，具有保守和谨慎的性格特征。这些人不仅内向，而且还非常感性。他们的胆子都很小，经常会因外界环境的影响而改变自己的想法。通常来说，他们的个人感情非常容易受到影响。

更为重要的是，这类人非常单纯，他们总是认为社会就是一个现实版的童话世界，人与人之间只有爱，没有恶意，而且他们会固执地坚持自己的这种想法。

(4)笑声断断续续，且笑声大多不自然的人对人不真诚

美国联邦调查局的资深心理学专家、《我的FBI生涯》的作者弗里认为：那些笑声断断续续，且笑声大多不自然的人，都是不太真诚的人，他们最突出的特点就是物质和势利。这类人很不愿意付出自己的劳动，而且总是期望能够从别人身上得到更多实实在在的利益。所以，他们的这种笑容，总给人一种不舒服的感觉。

在FBI的特工们看来，这类人在和别人交往的过程中，总是表现得不够真诚，老想着占别人的便宜。为此，FBI特工提醒人们，在和那些笑声断断续续，且笑声大多不自然的人交往之时，一定要提高警惕，防止被其伤害。

5 从对方鼻子的变化中一眼看透对方的心理

鼻子是我们的身体器官之一，在表达感情方面具有很大的作用。世界上的很多心理学家都认为，鼻子虽然不能完全反映一个人的真实想法和性格特征，但是鼻子的变化却充分地表现出一个人的思维。不过由于鼻子本身并不是一个动能器官，因此它所反映出来的一些信号总是被人们忽略。而在FBI一百多年的办案经验中，鼻子的变化可以反映出犯罪嫌疑人说的是谎话还是实话，这一直是FBI特工破案的一个重要手段。

美国联邦调查局的资深心理学专家、《FBI教你破解身体语言》的作者纳瓦罗说："人的鼻子周围有很多的神经组织，虽然这些神经组织不像身体其他部位那么敏感，但是人在某一特定情态下其鼻子还是会表现出特有的变化。"在现实生活中，我们很多人都有这样的体会：当一个人遭受到委屈时，他可能会因此而哭泣，哭泣的时候鼻子总是一抽一抽的，这说明此时他感到非常难过；而当一个人对某些事情表现得非常不耐烦的时候，他往往会使劲儿地吸鼻子，并发出"哧哧"的声音，这说明他此时内心非常烦躁。所以，我们在和别人的交往过程中，要想窥视对方内心的变化，就应该向FBI学习，学习从对方鼻子的变化来判断对方的内心变化。

在美国联邦调查局的心理培训教材上，有这样一个非常著名的案例：

在一架开往加拿大首都多伦多的航班上，一位美国的退伍士兵觉得为自己服务的空姐非常漂亮，不觉间怦然心动。为了引起空姐的注意，这位退伍士兵便不停地要求空姐帮他拿东西，一会儿要喝咖啡，一会儿又要喝橙汁。不过，这位空姐并没怨言，她既耐心又有礼貌地为这位退伍士兵提供服务。

等到飞机降落之后，这位退伍士兵便在机场的通道拦住了那位空姐。在他和空姐聊天的过程中，他为了表现出自己的男子汉气概，便不停地抽烟，为了表现出他抽烟姿势的优美，他不停地向空中吹吐着烟圈，他希望以这样的方式获得空姐的芳心。

这位退伍士兵本以为这样做能够得到空姐的芳心，但是没想到空姐却用手将自己的鼻子捂了起来。但是这位退伍士兵并没有注意到空姐的这个动作，更没有看到空姐脸上的厌恶表情，还继续追问道："你觉得我抽烟的样子帅不帅？"空姐再也没有答理他，随即转身离开。

我们可以从上面的这个案例中看出：空姐对退伍士兵抽烟的样子非常反感，所以她用手捂住鼻子以掩盖自己的厌恶之情。可是，退伍士兵一点儿都没察觉到这点，还继续做些不该做的动作。由此可见，注意对方鼻子的变化，是我们和别人交流的关键——我们要懂得从对方鼻子的变化把握对方心理的变化，根据对方的心理变化进行交谈，才能达到自己的目的。

下面我们就来看看，美国联邦调查局根据其一百多年的经验和研究，总结出的人的鼻子的变化所反映出来的人的心理和性格特征：

(1)在谈话的过程中不停地吸鼻子的人大多数是城府很深的人

美国联邦调查局的资深心理学专家、《FBI教你破解身体语言》的作者纳瓦罗认为：那些在谈话的过程中不停地吸鼻子的人多半是城府很深的人。这些人做事时通常比较认真，总是一丝不苟，遇到他们喜欢做的事情，他们总是希望或者强烈要求别人跟他们一起做。

不过，这些在谈话的过程中不停地吸鼻子的人总是不够自信，而且缺乏安全感。比如说，当他们处于一个非常陌生的环境时，他们就会表现得非常小心，而且会在不停地吸鼻子的过程中，将内心的不安一点点地显露出来。而当他们和陌生人交谈的时候，他们会将说话的声音压得很低，甚至通过鼻音来发音。在他们看来，与陌生人交往一定要警惕，不能轻易暴露自己的弱点。为此，FBI的特工们提醒我们：当我们和那些在谈话的过程中不停地吸鼻子的人交往时，一定要尽可能地排除其内心对我们的不信任，不然根本没有办法交谈下去，甚至有可能会做出伤害我们的事情。

(2)在谈话过程中喜欢摸鼻子的人很可能富有野心

美国联邦调查局的高级警员安托万·卡迪纳尔认为，那些在谈话过程中喜欢摸鼻子的人都是一些富有野心的人，他们用摸鼻子的方法来掩饰自己内心的真实想法。一般来说，那些在谈话过程中喜欢摸自己鼻子的人都比较喜欢冒险，他们总是认为冒险是实现野心的最好方式。

同样，他们大多数人也都有很深的城府，甚至会做出一些很极端的事情。比如说，1988年，FBI在西雅图抓获的那名犯罪分子，他在四年的时间内杀了七个未成年女孩，在其交代案情的时候，说了这样一句令办案人员异常惊慌的话，他说："我平常有个嗜好就是摸鼻子，尤其是在杀死金鱼、兔子等小动物的时候，有很强烈的快感。最后，我想尝试一下杀人后摸鼻子的快感，于是我就开始选择反抗能力较弱的未成年女孩下手，结果发现果真有很强烈的快感。"为此，FBI的特工们提醒我们：当我们在和那些在谈话过程中喜欢摸鼻子的人交往时，一定要注意观察对方的情绪，一旦对方的情绪出现较为失控的迹象，那就应该远离他们，防止对方因为情绪失控而做出极端的事情，伤害到我们。

6 观察对方的脾气，判断对方的性格

美国联邦调查局的高级警员安托万·卡迪纳尔认为，人的脾气从来都是复杂而又多变的，脾气对每个人来说都没有严格意义上的好坏之分，人们仅能直接感受到脾气的暴躁与温顺。在我们的生活、工作中，很多人在处理某一件事情时，总是会显露出不同的脾气，有人会变得非常暴躁，也有人会变得非常温顺。在FBI看来，一个人的脾气往往是一个人性格的体现，通过观察一个人的脾气就能够成功地判断出对方的性格，进而掌握对方的心理变化。

"请问你的名字？"

"我叫路易斯·安特，我的家在迈阿密。"

"具体地址呢？"

"迈阿密邓肯大街388号17幢209室。"

"11月23日那天凌晨4点，你都去过哪里？"

"哦，上帝，那天我感冒了，所以一整天都在家里睡觉。"

"你没有去看病吗？"

"没有，就普通的感冒而已，我家里有药，我随便吃点儿药就好了。"

"有什么人能证明你那天晚上一个人在家里？"

"我都说了一个人在家里，怎么会有人能证明呢！"

"请你说说，那天凌晨4点钟，你到底在哪里？"

"我已经告诉你们了，我真的不知道，请你们不要再烦我了，我现在急着回家呢，我女朋友还等着我一起吃饭呢！"

"我再重复一遍，那天凌晨4点钟，你到底在哪里？"

"浑蛋，你们听不懂吗？我怎么会是一个盗窃分子呢？请你们搞清楚之后再问我好不好？如果你们再继续这样下去，我将采取法律手段来维护我的权益。"

"哦，路易斯，我可没说你是一个盗窃犯，我只是问你那天凌晨4点钟的时候你到底在哪里，你怎么知道我们将你视做盗窃犯呢？"

"这个、这个……"

从一系列的问话中，FBI终于确定了路易斯·安特就是一起盗窃案的主犯，因为在他被FBI警员激怒的时候，他不小心暴露了自己的罪行。而对那些善于从犯罪分子脾气的变化中找到蛛丝马迹的FBI警员来说，这无疑是一件非常简单的事。

美国联邦调查局的高级警员安托万·卡迪纳尔说："一个人发脾气必须有充足的理由，那些乱发脾气的人，除了在生病等身体原因之外，都是有心病的人。"所以，在日常生活工作中，我们可以通过判断一个人的脾气，从而掌握他的心理变化，最终实现自己的目标。

下面我们就来看看，美国联邦调查局根据一百多年的经验和研究，总结出一个人脾气的变化所反映出来的心理和性格上有哪些特征：

（1）不和别人争论，很少发脾气的人，其性格较为温和

美国联邦调查局的高级警员西蒙斯·斯威夫特说："那些不和别

人争论，且很少发脾气的人，都是性格较为温和的人，他们和气善良，能够放低姿态，很少和别人发生冲突。对于自己不喜欢的人，他们总是敬而远之，且很少去答理他们。"一般来说，那些不和别人争论且很少发脾气的人，他们多半有一副热心肠，很乐意去帮助别人。他们都有着很强烈的同情心。

不过，这类人非常容易情绪化，但他们总是能够控制住自己，所以他们会积极地为自己创造一个不容易让情绪出现波动的环境，以此来掩盖自己的性格缺陷。

一般来说，这些不和别人争论，且很少发脾气的人，都是很有耐心的人。他们做事非常认真、有毅力，很少出现半途而废的情况。他们对于事物都有着很深刻的见解，有着超强的记忆力。

由于这类人不喜欢和别人争论，且很少发脾气，因此他们的人缘很不错。不过我们要注意的是，这类人很难真正地将别人当做自己的知心朋友，他们在内心深处会将周围的人分一个层次，他们总是会和那些社会地位高的人走得近一些，而和那些社会地位低的人保持一定的距离，以便让自己得到更多的利益。

（2）凡事都喜欢与人争论，且经常发脾气的人，其性格很急

美国联邦调查局的高级警员西蒙斯·斯威夫特说："那些凡事都喜欢与人争论，并且经常发脾气的人，他们都是典型的急性子，他们在做事情的时候都希望以最快的速度完成，因此总是和身边的人闹矛盾。"此外，那些凡事都喜欢与人争论，并且经常发脾气的人，他们的身上都具有绝对的领导能力、决策能力和控制能力，因此他们总是处在强势地位。一般来说，他们总是充满活力，富有激情，能够在工作中比别人快一步抓住机会展现自己的能力，让自己成为别人眼里的"强者"。

不过，他们总是不能够容忍别人轻视自己，而往往他们和别人产生矛盾时，并不是因为别人跟不上他们的速度，而是他们无法容忍别人对他们的轻视。所以，FBI的特工们提醒我们：在和那些凡事都喜欢与人争论，并且经常发脾气的人交往的过程中，一定不要轻视他们，给他们足够的尊重，让他们觉得你是一个很不错的人，才更有利于双方的交往在一团和气中进行下去。

那些凡事都喜欢与人争论，并且经常发脾气的人，他们往往是一些说一不二的人，凡事都遵守自己的原则。他们也都是很有毅力的人，也是很有野心的完美主义者，一旦他们确定了目标，就会执著地向着目标往前冲。而且，这类人多半是乐观主义者，他们在遇到困难和挫折的时候，从来不会想着放弃，而是坚定不移地坚持下去，直到获得成功为止。

（3）虽然脾气温和，但却经常与人发生冲突的人，都是一些很有勇气的人

美国联邦调查局的高级警员安托万·卡迪纳尔认为："那些脾气温和，但是却经常与人发生冲突的人，都是很有勇气的人。他们在做事情的时候喜欢挑战，不过他们往往都很固执，总是因为自己的固执和别人争吵个不停。"一般来说，那些脾气温和，但是却经常与人发生冲突的人，都有着很强的自尊心。他们既自信又有激情，但是做事却总是讲究条理。虽然他们非常讨厌那些说话拐弯抹角的人，但他们自己却是一个不折不扣的说话拐弯抹角的人。因此，FBI的特工提醒我们：在和那些脾气温和但是却经常与人发生冲突的人交往之时，说话一定要直接，这样他们说话也不拐弯抹角，从而让彼此之间的交往更为顺利。

一般来说，那些脾气温和，但却经常与人发生冲突的人，总是对沉闷的环境有很强的适应力，虽然他们非常讨厌在沉闷的环境中生活、工作，但是他们还是能够在这样的环境下创造出不错的业绩来。

此外，那些脾气温和，但却经常与人发生冲突的人，都是有着很强领导能力的人，他们大多数都能成为一个组织环境中的核心人物，因此他们喜欢指挥别人，也喜欢拐弯抹角地指出别人的不足。所以，这类人总是以一副"老好人"的样子出现在大家的面前，其实他们总是将自己的利益看得无比重要。

（4）虽然脾气暴躁，但总是能够和周围相处得很好的人，都是很正直的

美国联邦调查局的高级警员安托万·卡迪纳尔认为："那些脾气暴躁，但却总是能够和周围相处得很不错的人，都是很正直的人。他们乐于在工作和生活中真心实意地帮助别人，一旦发现别人身上有什么缺点，总是会很直接地告诉别人，因此他们总是和那些相处时间很短的人成不了好朋友，但是他们和一些相处时间很长的人都能成为真正的朋友。"一般来说，那些脾气暴躁，但是总能和周围的人相处得很不错的人，他们都很乐于关爱别人。虽然他们经常会跟别人发脾气，但是很少有人会真正地和他们发生冲突，因为他们通常发脾气都是很有"理由"的，而别人在他们的暴怒中也找不到充足的理由来反驳，而且他们事后还会积极地向别人道歉，最后大家也都会把他们当做自己的诤友。

总体而言，这类人是值得我们主动去结交的，因为他们的内心都非常善良，而且非常讲义气，能够将其视为我们最好的朋友。

Part 02

雄狮与猛虎的交战——
FBI的博弈操控心理策略

美国联邦调查局特工约瑟夫·L.斯科特说过:"几乎和任何一个人在竞争利益的过程中,都会产生一种博弈的心理,希望自己的利益能够得到最大化的满足,最终演变成为雄狮与猛虎的交战。赢得这场残酷竞争的人都是能够掌控对手心理变化的人,毕竟这是一场势均力敌的较量。"实际上,生活在世界上的每一个人都躲不开竞争,都无法保证自己能够从每一次博弈中胜出,所以这就要求我们像那些善于竞争,善于在博弈中掌控对手心理变化的人学习。毫无疑问,FBI特工们就是我们最佳的学习对象,因为几乎每一个FBI特工都是高明的博弈心理策略大师,他们懂得如何看穿对手的心理变化,懂得如何去引导对手按照他们的思路去做——向FBI特工们学习博弈操控心理策略,无疑是我们在这个竞争激烈的年代中的最佳选择。

每个FBI都懂得
囚徒困境中的心理博弈

所谓的"囚徒困境(prisoner dilemma)",就是指博弈论的非零和博弈中具代表性的例子,反映个人最佳选择并非团体最佳选择。美国联邦调查局的高级警员贾森·斯蒂文森将囚徒博弈解释为:同伙犯罪嫌疑人在最先被抓获的时候,他们都会彼此合作,坚决不吐露真实情况,以此实现他们无罪开释的目的。但是,警察将他们相互隔离,并使他们彼此之间的资讯不通畅,其中的一方就可能会以出卖另一方来实现缩短自己刑期的目的。他们这么做的原因就是:他们都觉得对方会将自己出卖,既然让对方将自己出卖,还不如先揭发对方为自己减刑。"

一旦有人陷入囚徒困境之后,是选择合作还是背叛?

1997年6月19日,住在新泽西州44号大街的老富翁安东尼在家中被杀,财物被洗劫一空。FBI的特工在三天之后锁定了两名犯罪嫌疑人汤姆和杰克,并且在汤姆的住处搜出了老富翁安东尼家中丢失的财物。

面对大量的物证,汤姆和杰克都承认了自己的偷窃行为。但是,他们都矢口否认杀害安东尼，辩称他们在入室偷窃之前就已发现老富翁安东尼被杀，他们两个只是顺手牵羊地偷窃了一点儿东西而已。

面对两个人的狡辩，FBI警员采取将他们两个隔离审讯的方法——先让他们处在囚徒困境当中，然后再一点一点地瓦解他们的心理防线。

在将汤姆和杰克分关在两个房间后，FBI跟他们两人说了同样一段话：

"如果你没有杀死老富翁安东尼，那么我们只能以偷盗罪起诉你，只能判处你一年的徒刑。但是，根据联邦法律的规定，如果你能够主动坦白，并且揭发同伙的杀人罪行，那么你很有可能因为揭发有功而得到从轻处罚，将原本一年的刑期减至六个月。不过，被你揭发的同伙可是要判处三十年的徒刑的。如果你顽抗到底，拒绝揭发，那么一旦你的另一个同伙揭发说你有杀人行为，那么你将被判处三十年的徒刑，而你的同伙将会被无罪释放。当然，如果你们两人都互相揭发，那么你们都将获得二十年以上的徒刑。"

在听到这段话之后，汤姆和杰克都面临一个两难的抉择，是选择继续抵赖呢？还是选择坦白而揭发对方？很明显，在当时的情况下，他们最好的选择就是继续抵赖，因为FBI只找到他们偷窃的证据，并没有找到他们杀人的证据，因此他们能够得到最好的结果——每个人都因为盗窃罪只判一年。但是，由于汤姆和杰克分别被关押在两个房间，他们没有串供的可能性，所以他们都不得不从对方的角度考虑，对方所采取的策略会对自己产生什么样的影响。

一场激烈的心理较量就这样开始了。汤姆和杰克都是非常精明的人，他们一开始都明白这是FBI实施的心理战，所以他们都不为所动，并且他们相信彼此都不会说出实情。

于是，在这种情况下，FBI警员又跟他们说了这样一番话：

"虽然此时你们只承认偷窃而不承认杀人，但如果我们以后找到你们行凶杀人的证据，那么你们肯定要坐三十年的牢，而且你们在监狱中所做的工作都是一些很费力气的工作。不过，好像你们两个中间有一个人已经选择保持沉默了，估计他是在思考自己怎么才能减轻刑罚，一旦他想通了，你就成为那个在牢里干三十年重活的人了。"

听完这番话后，汤姆和杰克都开始陷入了沉思。他们都觉得对方随时都有可能出卖自己，如果自己这个时候选择马上坦白，揭发对方的罪行，那么自己就会只坐六个月的牢。但是，如果对方比自己先坦白的话，那么自己就有可能坐三十年的牢。显然，谁越先坦白，谁越能从宽。

就在汤姆作出揭发杰克的决定之时，杰克也作出了同样的决定——陷入囚徒困境的他们最终都选择了出卖对方。结果汤姆和杰克都被判处了二十年以上的徒刑，得到了一个"双输"的结果。

我们可以从汤姆和杰克的案例中看出：在陷入囚徒困境之时，他们在坚持了一番抵抗之后都选择了供出对方，但是最终的结果对他们来说都不是一个很好的结果，而这一切都是由于彼此自私的决定造成的。囚徒困境之所以被称为"困境"，就是因为在这个困境中博弈的双方最后的结果都是最坏的——当他们选择从个人利益的角度出发之时，也就预示着他们将以牺牲另一方的利益来换取自己的利益。因此，当汤姆和杰克都选择了牺牲对方时，就等于他们选择了最坏的结果。如果他们当时能够一直坚持下去，并且相信对方无论在任何情况下都不会揭发自己，他们就会因为盗窃罪只坐一年的牢。所以，当人们身处囚徒困境之时，所能够作出的最好选择就是加强双方合作、相信彼此，而不是过多地怀疑别人。

在美国联邦调查局的高级警员贾森·斯蒂文森看来，虽然囚徒困境在人们的现实生活中是一个很抽象的概括，但却具有深刻而又广泛的意义。譬如说，很多的企业会参与同一个行业的激烈竞争，而这个时候整个行业就像一个巨大的"囚笼"，每一个参与的企业就像一个个"囚徒"，在这样的情况下，如果每一个企业只关心自己的利益而不考虑整个行业的利益，那么它就会采取低价倾销的方式来获得利润，因为在其保持行业均价的时候，总是在担心其他企业会不会提前降价抢走消费者——就像身处囚牢中的囚徒同伙，总是会选择先坦白为最佳的决策一样。

实际上，在我们日常生活工作中，很多人不可能做到真正地相信别人。换句话说，每一个人在内心深处都认为自己处在囚徒博弈中，一旦出现利益竞争之时，自然就有人会以牺牲对方利益的方式来保全自己的利益。所以，FBI提醒人们，在面对竞争时，一定要加强沟通，让大家的意见达成一致，实现双方的共同利益。下面我们就来看看，FBI根据一百多年的经验和研究，总结出囚徒博弈中的一些制胜方法：

（1）我们要讲求诚信，且要从内心深处相信合作者不会背叛自己

美国联邦调查局的高级警员贾森·斯蒂文森认为：人一旦陷入囚徒困境中，最先想到的不应该是自己，而是对方，首先应该想自己该怎么做才能让对方的利益不受损。如果每一个身处囚徒困境的人都能这样做，那么人们都能成功地走出困境，并且不让彼此的利益受到损害。

可以说，如果我们陷入囚徒困境的时候还能够想着别人，想着自己如何通过努力来实现自己与合作者的共同诺言，那么我们就能成功地从不利局面中走出来，并最终实现双赢，而在这个过程当中，诚信发挥了最大的作用。因此，我们要想在陷入囚徒困境之后还能保全自己，就要让自己成为一个有诚信的人，并且要相信自己的合伙人也是一个有诚信的人。

(2)成功地走出囚徒困境需要坚定不移的决心

美国联邦调查局的高级警员乔·纳瓦罗还认为：当人们陷入囚徒困境的时候，一定要有坚定不移的决心，要坚信自己的合作伙伴不会出卖和背叛自己，只有这样才能够成功地走出囚徒困境。

对深陷囚徒困境中的人来说，要让自己有坚定不移的决心，就必须从一开始就树立坚定的信念，因为信念是你坚持下去的原动力——那些能够在囚徒困境中坚持下来的人，他们从来都有着坚定的信念，时刻相信自己会走向成功。

加减博弈是每一个FBI特工都懂得的心理博弈法则

所谓"加减博弈",就是指当别人给予我们帮助的时候,我们也会回馈别人,别人给予的帮助越多,我们回馈的东西也要增多;如果别人给予的帮助少,我们回馈的东西也会相应地减少。就"加减博弈"而言,美国联邦调查局的资深心理学专家丹尼斯·里根教授(Dennis Regan)解释道:"人都是七分感性、三分理智的动物,人与人之间的关系基础就是相互之间的尊重与支持,换句话说,人与人之间的交往就是建立在'剥夺就会被剥夺和给予就会被给予、怀疑就会被怀疑和信任就会被信任、爱就会被爱和恨就会被恨'的基础之上。"

实际上,在我们的日常生活中,当别人做出友好的姿态表示要支持我们和接纳我们的时候,我们从内心深处就会觉得应该给予别人同样的回馈,因为这种心理会产生一种压力,迫使我们在别人做出这些举动之后也要求自己做出类似的举动。否则,我们以某种观念为基础的心理平衡就会被破坏,我们也就会为此感到不安。

卓别林是世界戏剧史上最伟大的演员,他一生的表演给全世界人民带来无穷无尽的欢乐。上个世纪20年代,卓别林活跃在美国好莱坞的戏剧舞台上，当他拿着细细的文明棍、戴着破礼帽、蹬着大皮鞋、走着企鹅步的时候，FBI也开始盯上了他。FBI之所以盯上卓别林，不是因为别的，而是因为卓别林的大多数作品对当时的社会进行了苛刻的讽刺，而这是联邦政府最不愿看到的。

  1922年，美国联邦调查局派遣几名特工混进了卓别林所创立的电影厂，他们扮成普通的演员，对卓别林进行了严密的监视，他的一举一动都被写成了报告，直接送给负责这项任务的美国联邦调查局局长波尔恩斯。他们在报告中指出：和卓别林交往的人大多数都是一些"高谈阔论的布尔什维克"，这些人都是电影界中的"激进分子"，他们经常讨论的话题是"为工人阶级革命进行电影宣传是多么的重要"……

  波尔恩斯局长在接到这份报告之后，立即让手下对卓别林进行了更为严密的监视和调查。不过还没有等波尔恩斯局长对卓别林作进一步调查，胡佛就顶替了他的位置，成为美国联邦调查局的新任局长。在胡佛上任之后，他看了那些报告，也对卓别林产生了很大的怀疑，于是，他下令调查卓别林的特工继续潜伏下去。

  虽然胡佛上任时期的国内犯罪率一直居高不下，联邦调查局的能力已经有所不逮，但是胡佛依然召集人手严密监视卓别林。对于美国联邦调查局的监视，卓别林也逐渐察觉到了。这令卓别林对美国政府更加不满，促使他在更多场合公开讽刺社会，讽刺当局。而卓别林对其的讽刺越多，美国联邦调查局对他的监视就越严密。到了最后，卓别林的很多活动都因为FBI的介入而被取消。

  可以说，这一时期的卓别林和美国联邦调查局都陷入了"加减博弈"的局面——美国联邦调查局监视得越严密，卓别林就越要反抗；卓别林越反抗，美国联邦调查局监视就越严密。此时的他们都忽略了"减法"。直到1941年，美国联邦调查局终于找到了卓别林的"犯罪行径"——他们发现卓别林的男仆布莱克竟然是日本间谍。布莱克已跟随了卓别林二十多年，他不但负责照顾卓别林的饮食起居，而且还在卓别林的电影中饰演了很多角色。

在美国联邦调查局抓获布莱克的时候，他正在和日本的间谍组织"梨花至"筹备着一张军用地图。上面清楚地标出了美国主要海军基地、军事设施以及重大工程，目的就是为了一旦美日两国发生战争，日本能够迅速对这些目标实施打击。而美国联邦调查局在抓获布莱克后，一边审讯他，一边将他被抓获的消息刊登在报纸头条上，目的就是逼出卓别林这只"老狐狸"。

然而，令美国联邦调查局没有想到的是，布莱克竟然是美国海军情报署安插在日本间谍组织中的一名卧底，其在日本的间谍组织中潜伏了二十多年，为美国海军情报署提供了很多有价值的情报。当美国联邦调查局在抓捕了布莱克之后，导致美国海军情报署的一系列工作被打乱。为此，美国政府对FBI的工作很是不满，FBI局长胡佛也被狠狠地批评了一顿。但是，此时的胡佛并没有检讨自己，而是加大了对卓别林的监控力度。

1941年12月，日本偷袭了美国海军基地珍珠港，太平洋战争由此爆发。而此时已经成为家喻户晓的大明星的卓别林，为了号召人民起来反对法西斯，他参加了很多声讨法西斯的活动，而且在很多场合斥责这时的美国政府不去狠狠回击日本，而是将更多的精力放在监视民众上。而此时的卓别林和美国联邦调查局之间的博弈也越来越严重，双方之间谁也不肯让步，总是找机会攻击对方。

1943年，美国联邦调查局终于找到了一个可以将卓别林击垮的机会。这一年，卓别林和女演员斯波利之间产生了感情。但在斯波利靠着卓别林成为好莱坞明星之后，她的生活就变得糜烂起来。卓别林非常痛恨斯波利这种行为，于是决然地和她解了约。但是没过多久，斯波利又回来找他，她希望卓别林能给她一笔钱，理由是她的肉体不能让卓别林白白"享用"。对于这一无理要求，卓别林直接选择了报警。

1943年5月，斯波利突然挺着大肚子来找卓别林，并对卓别林说，她肚子里的孩子是卓别林的。对此，卓别林感到非常愤怒，因为这是根本不可能的事情，因此卓别林一怒之下将斯波利告上了法庭。

令卓别林意想不到的是，被告上法庭的斯波利竟然相安无事，而他却成为了最终的"受害者"。原来当卓别林将斯波利告上法庭之后，联邦调查局不但没有对斯波利的诬告案进行调查，反而怂恿其在全美进行演讲，专门散布诋毁卓别林的言论。其实，美国联邦调查局的做法非常明显，那就是不断地逼迫卓别林承认自己是一个"政治犯"。虽然此后法庭通过亲子鉴定证明了卓别林是清白的，但是美国联邦调查局还是继续给卓别林施加压力，他们甚至将一份二十五年前标有"卓别林是共产党员和全人类的友人"的报纸拿出来宣传。不甘示弱的卓别林在公众场合多次直接指责美国联邦调查局，说其是"美国最无耻的组织"。

可以说，在此期间，美国联邦调查局和卓别林之间的心理博弈已经到达了最激烈的时刻。如果他们这个时候能够懂得"加减博弈"，都能够退让一步，那么可能双方都不会变得如此仇视。当双方的博弈进入激烈阶段，美国政府司法部经不住美国联邦调查局的怂恿，在1952年宣布将卓别林驱逐出境。

一代喜剧大师就这样凄惶地从好莱坞这块自己奋斗了一辈子的舞台上离去了。谁也没想到卓别林最后会遭遇这样的结局。在卓别林被驱逐之后，美国人民对此感到非常不满，各媒体对美国联邦调查局的做法予以了强烈的谴责，而且还差点儿引发了大规模的游行示威活动。

二十年后，卓别林被授予奥斯卡终身成就奖，但此时已经定居瑞士的卓别林还是遭到美国联邦调查局的坚决反对，他们认为卓别林来到美国之后还会对美国造成不利影响。但是，由于舆论的强烈反对，卓别林还是来到了洛杉矶领取了奥斯卡终身成就奖。

在离开洛杉矶的时候，卓别林对前来送行的一位老朋友说："现在我还是很舍不得好莱坞这个大舞台，如果我当初能够退让一步，或者FBI能够退让一步，没准现在会是一个皆大欢喜的局面，可是现在却以悲剧结束，真是让人心有不甘。"而在卓别林离开之后，新上任的美国联邦调查局负责人也很后悔地说："我们总是不肯承认错误，就这样让美国少了一个天才艺术家。"

如果美国联邦调查局和卓别林能够运用"加减博弈"原理，多一份包容，少一份敌对，那么就不会以这样一个悲剧收场。同样，在我们的日常生活中，在我们面对竞争之时，我们都能够谦让一些，那么就能够让双方实现"竞合"，既有竞争又有合作，从而实现利益的最大化。

FBI的资深心理学专家乔·纳瓦罗说过："每一个人心中都有一个契约原则，而在大多数时候这个契约原则是以互惠原则的方式体现出来的，即你给我多少，我就回报给你多少，就像做加减数学题一样。所以，我们要想从别人那里得到更多，就得让别人从内心深处觉得他必须回馈给我们更多。"所以，我们要想看清别人的内心变化，就必须解除别人的内心防线——多一份真诚，少一份狡诈，这样就能够让别人在了解我们的时候，能够更清楚地将自己展现在我们的面前，这就要求我们善于使用"加减博弈"法则。

3

从点滴中窥视对方心理变化——
FBI特工都善于使用"蝴蝶效应"去博弈

1963年,美国气象学家爱德华·劳伦斯在他的一篇论文中阐述道:"南美洲亚马孙河流域热带雨林中的一只蝴蝶,偶尔振动几下自己的翅膀,结果是两周以后引起了美国得克萨斯州的一场龙卷风。"实际上,著名的"蝴蝶效应"告诉人们的不仅仅是一个简单的隐喻,它还告诉我们,任何一个小细节都可能酿成很大的后果。

在FBI的心理训练课上,"蝴蝶效应"被赋予了更多的意义,成为了FBI特工们都必须掌握的心理博弈法则。因此,美国联邦调查局前局长波尔恩斯对"蝴蝶效应"的解释是:"每一个细节都能够成为侦破案件的入口,从点滴的细节中去发现对方心理上的破绽,从而在较量中占据上风,这对每一个FBI特工来说,都是应该去掌握的心理操控术,这一切就像那只在南美洲亚马孙河流域热带雨林中振动了几下翅膀的蝴蝶一般微妙。"

1962年8月4日,美国历史上最美丽性感的女影星玛丽莲·梦露在洛杉矶的公寓中身亡,年仅36岁。而在梦露死后,她的死因就一直成为了人们关注的焦点。对于梦露的死因,美国联邦调查局的解释是——

"著名女影星玛丽莲·梦露是过量服用巴比妥类药物死亡。"但是，人们并不相信美国联邦调查局公布的这位"性感女神"的死因，很多人都认为是美国联邦调查局的特工谋杀了梦露。

现在，我们抛开别的不谈，单来看看梦露在生前和美国联邦调查局的那一场生死大博弈。

在1962年5月，已经成为好莱坞一线女星的梦露做出了一个非常出格的举动，她径直抛下手中的工作去为总统肯尼迪献唱"生日快乐"歌。

当时，梦露刚刚进入电影《双凤奇缘》的剧组，由于和剧组闹了点儿矛盾，便抛下手头的工作去找肯尼迪总统，这在所有人看来都是很反常的举动。不过，在梦露看来，已经攀上肯尼迪总统这个"高枝"的她，根本不用去担心电影公司会不会处罚她，她所要做的只是利用好肯尼迪这个"贵人"而已。可是，令梦露没有想到的是，这个"贵人"竟然成为送她走上不归路的人。

有着历史上最性感女人之称的梦露当时并不仅仅和肯尼迪总统保持着非常密切的关系，还同总统的弟弟罗伯特·肯尼迪保持着个人交往。实际上，导致梦露走上不归路的就是从她抛下工作的那个细节开始的——梦露为肯尼迪总统唱生日歌，成为了当时媒体大写特写的头条新闻。梦露的这一做法让肯尼迪兄弟都非常不满。

在发现肯尼迪兄弟对自己不满后，不甘心受冷落的梦露偷偷地写了一本秘密日记，她在上面记录了肯尼迪兄弟告诉她的很多重要的国家机密。梦露写这本日记的目的非常明确，那就是让肯尼迪兄弟重新回到自己的身边。但是，单纯的梦露根本没有想到，自己这样做的结果就是让自己成为肯尼迪兄弟的"敌人"——她所记录的那本秘密日记就像那只"在南美洲亚马孙河流域热带雨林中振动了几下翅膀的蝴蝶"，不过扇动起来的不是一场风暴，而是肯尼迪兄弟的仇视。

在肯尼迪兄弟逐渐远离梦露的时候，一个叫做菲尔德的人走进了梦露的世界。这个菲尔德是美国联邦调查局一直都严密监控的特殊人物。菲尔德是19世纪"美国最富有的人"范德比尔特的玄孙，菲尔德是一名激进分子，因为直接拒绝继承7 200万美元的遗产，组织了一个"亲苏"组织，因此被FBI怀疑是苏联特工。所以，当梦露和菲尔德交往之后，立刻引起了美国联邦调查局的高度关注。

1962年7月13日，美国联邦调查局局长胡佛收到一个爆炸性的报告：梦露向菲尔德透露了很多关于肯尼迪总统的私人内幕。胡佛接到报告之后直接对下属说道："我怀疑，这个女人已经将很多的消息透露出去了，现在很可能已经传到克里姆林宫了，我现在后背上全部是汗水。"于是下令对梦露进行全天候24小时监视。

实际上，梦露也发现，让肯尼迪兄弟重回自己身边的事情已经弄巧成拙，更让自己陷入了危险境地——一个细微的决定令她陷入了危机之中，在这场博弈中她成为了一个彻底的输家。

1962年8月初，肯尼迪兄弟作出了最终的决定，彻底和梦露断绝一切联系。与此同时，胡佛下令在媒体上揭露梦露过去的感情经历，并且把梦露交往过的男友名字也公布在报纸上。面对这一巨变，梦露显然慌了神，可是现在她已经没有办法挽回了。FBI继续对梦露的心理攻击，胡佛甚至亲自给梦露打电话说："你写的那本日记承载着美国的国家命运，所以你必须交出来，并且紧闭口舌。不然，这本日记会令整个美国为之羞愧。"

8月4日晚上10点钟的时候，虽然此时梦露已经绝望到了极点，但她仍然没有把日记本交给FBI的意识。日记可以被销毁，存储在她大脑中的记忆是不可能被销毁的。梦露打电话给自己的好朋友西德尼·吉拉罗夫，绝望地告诉了好友，她知道很多"危险的事情"。也就是在这个晚上，梦露洗完澡之后，服用了医生给她开的药，结果因巴比妥酸盐过量而中毒身亡。次日清晨的时候，女管家发现梦露一丝不挂地死在卧室的床上，一代好莱坞巨星就此殒落……

后来，根据FBI的解密文件显示，梦露死亡的真正原因并不是FBI特工的直接刺杀，而是梦露自己造成的。原来，他们给梦露制造了巨大的压力，让梦露担心自己随时会被谋杀，使得梦露心理上出现了极大的恐慌，于是梦露跟之前一样试图利用"假死"来躲避危险（在认识肯尼迪兄弟之前，梦露就曾多次假装自杀，最后因为抢救及时而活了下来），最后是这一次选择的令自己假死的药物具有很大的危险性，再加上梦露没有控制好剂量，大剂量的巴比妥酸盐进入体内之后导致她迅速死亡。

从梦露的死亡过程中我们可以看出：美国联邦调查局就是利用了"蝴蝶效应"这一心理操控术，先是让梦露在一点一滴的细节中感到恐惧，然后彻底扰乱她的心神，走上了不归路——在这场博弈之中，FBI总是在较量中处于上风，而这都是因为他们对目标人物的心理变化掌握得非常及时。

在我们的日常生活当中，几乎每一个人都会遇到这样的情况——在参与一场竞争的时候，总是不注意观察细节，想当然地按照自己的想法去做，结果是被对手利用我们身上出现的细微的缺陷发动心理反击，使得我们自乱阵脚，进而作出错误的判断，导致自己损失惨重。所以，对我们大多数人来说，一定要懂得"蝴蝶效应"原理，不要最后因为细小的失误导致自己为此付出沉重的代价。

4
直接利益博弈原理——抓住对方最为关心的去攻击对方的心理防线

美国联邦调查局前局长路易斯·费里在教导手下的特工时说过："人们最关心的东西往往就是其内心最薄弱的地方，所以在心理博弈的过程中，一定要抓住对方最为关心的事情，做到一击制敌，最终实现自己的目的。"事实上，单单从社会学的角度上去看，人与人之间的所有关系都是以利益为链条来建立的，因此社会学家们也将利益关系称之为"社会关系纽带"。所以，我们每一个人在处理日常事务的时候，往往第一个出发点就是自己的利益不受损失，而这个意识也成为了很多人操控别人心理的关键制胜点。

从社会学的角度来看，由于每个人在社会中所处的环境和地位的不同，他们之间也都有着不同的利益关系，也正是因为这种不同，强势的一方总是会在双方发生矛盾的时候，用自己在利益链上所处的优势地位去打击地位较弱的另一方。正是根据这个社会学原理，美国联邦调查局的警员们在审讯犯罪嫌疑人的过程中，总是会充分利用自己的优势地位，一针见血地指出其中的利益关系，逼迫犯罪嫌疑人乖乖交代自己的犯罪行为。

作为美国联邦调查局的一名高级间谍，特里克·韦尔斯也是一名非常会打心理战的高手。他的外号是"笑面虎"，而之所以会得到这样的称呼，最主要的原因就是因为他常常能够在制造轻松的气氛之时，抓住对方的心理弱点，然后一针见血地指出来，迫使对手说出自己的秘密。

1999年末，某国安插在美国的一个叫做"猎鹰"的间谍组织被FBI的特工人员发现，但是由于FBI掌握的证据不足，根本无法实施抓捕。无奈之下，上级只好派特里克·韦尔斯去解决这个难题。

开始行动之后，特里克·韦尔斯将自己装扮成一个画家，并在一次画展上和"猎鹰"组织的负责人霍林格尔斯基夫取得了联系。此后，特里克·韦尔斯经常以交流画技为名和霍林格尔斯基夫喝咖啡、散步。随着时间的变长两个人的关系逐渐加深，特里克·韦尔斯和霍林格尔斯基夫成为了很好的朋友，只是这时候的霍林格尔斯基夫还依旧被蒙在鼓里，他不知道自己的新朋友特里克·韦尔斯其实就是来搜集他的犯罪证据的人。

随着两人的关系越来越好，特里克·韦尔斯开始有意无意地指出霍林格尔斯基夫在某些行为上跟普通人不一样。比如说，特里克·韦尔斯总是指责霍林格尔斯基夫将画过的画全部烧掉，很少给自己留下作品，还指责跟他一起喝酒的时候只挑选距离某国家大使馆最近的一个酒吧喝酒。可以说，特里克·韦尔斯的目的非常简单，他在告诉霍林格尔斯基夫：别装了，我已经察觉到你不是一个普通人了。

实际上，霍林格尔斯基夫也看出特里克·韦尔斯有点儿不对劲，但是谁也不想先撕破脸。在一次喝酒聚会的时候，特里克直接将霍林格尔斯基夫的犯罪证据摆在了桌子上。特里克·韦尔斯告诉霍林格尔斯基夫："我愿意放你走，只要你能够让'猎鹰'组织为我们服务，那么你可以继续在美国待下去，我可以保证你们的自由，如果你们想带着情报跑回去，那么从现在起你们就失去了自由。"特里克·韦尔斯之所以说出这番话，就是因为他已经洞悉了霍林格尔斯基夫的内心——"他并不是一个合格的间谍组织领导人，在行迹逐渐暴露的时候，他最关心的只是自己的利益，只要自己能够逃脱，哪里还会去管其他人的死活。"

可以说，特里克·韦尔斯这种直接指明利益关系的做法非常奏效，霍林格尔斯基夫在短暂地思考了十几分钟之后，非常直接地回答了他："我想我会选择自由。"这一次，特里克·韦尔斯直接策反了"猎鹰"组织的所有成员，总共有十六个高级间谍投降，这使得某国情报部门损失惨重，其最高负责人直接对下属大喊："这是我们近几年内最严重的一次惨败。"

从上面这个案例中我们可以看出，几乎每个人在面对"直接利益"关系的时候，都会马上作出决定，而且他们的决定往往都被"直接利益"所决定。因此，当我们在日常生活中，碰到非常有竞争力的对手之时，我们就应该向FBI的特工们学习，迅速地找出对方最为关心的"直接利益"，然后攻击对方最弱的心理防线，最后迫使对方"束手就擒"。

实际上，在每一场竞争与博弈中，每个人都处在各自的利益链条上，因此每个人都有着不同的心理——处在社会利益链上强势地位的人拥有较强势的心理，而那些处于社会利益链上弱势地位的人总是拥有弱势的心理。因此，每当我们和竞争对手进行较量的时候，就应该弄清楚自己和竞争对手分别处在利益链上的什么位置，竞争对手最为关心的"直接利益"是什么，主抓竞争对手的"直接利益"采取行动，从而让自己赢得这场竞争。

美国联邦调查局的高级特工格里姆·格里芬说："在对手面前直接指明利益关系，能够让他们马上意识到问题的严重性，从而为更好地解决问题奠定基础。"实际上，每当我们在和竞争对手进行博弈的过程中，一针见血地指出其中的利益关系，能够让双方都对当前局势有着较为深刻的了解，只有按照客观、公正的方式去竞争才可以赢利。

下面我们就来看看，美国联邦调查局根据一百多年的经验和研究，他们是如何以这一方式实施心理进攻的：

(1)面对竞争对手，不要犹犹豫豫，要一针见血地指出对方最为关心的东西

美国联邦调查局的高级特工查克·钱德勒说过："在搞定犯罪嫌疑人的过程中，直接抓住对方的软肋去攻击，就能马上让对方低下头来，将犯罪事实快速地交代出来。"可以说，在和竞争对手进行博弈的过程中，从来都不犹犹豫豫，在仔细的观察中迅速地发现对方的软肋，并且一针见血地指出对方最为关心的直接利益关系，这样才能够从心理上直接震撼对手，并且在竞争对手的心理处在最弱势的时候出击，这是赢得博弈的关键所在。

FBI认为，那些在竞争谈判的过程中总是犹犹豫豫的人，他们会让对手觉得很容易就能够击败，因此他们在竞争中总是处于不利地位。在我们的实际生活中，竞争几乎无处不在，因此我们在竞争中要想成功地占据博弈的优势地位，就必须善于找准竞争对手最为关注的"直接利益"，用强势的口吻去压制对手，从而让自己成为博弈的最终胜利者。

(2)在博弈中要想直接找准多方所专注的"直接利益"，那么关键就是要找准自己在博弈中所占据的最大优势

哈佛大学社会心理学教授杰尔姆·卡根说过："FBI的每一次审讯都是一场不折不扣的心理博弈，FBI如果能够很快找到自己在这场心理博弈中的最大优势，并以这种优势为基础点展开审讯，那么就能够轻而易举地突破犯罪嫌疑人的心理防线。"

对我们每个人来说，要想在博弈中成功地制伏对手，就要像菲尔德所说的那样，尽快地找出自己在这场博弈中所拥有的最大优势——"最大优势"就是我们的最强点，能够让我们拿到博弈的主动权，并迅速地展开心理攻击，从而赢得这场博弈。

实际上，在博弈中要找准自己在利益关系中的最大优势并不是一件难事，只要我们能够仔细地去分析局势，找准自己在博弈中所处的地位，找出竞争对手内心最薄弱的地方，那么我们就能够很快占据有利地位。

5
换位博弈——懂得换位思考，在博弈中巧妙地摸清对方的心理

所谓"换位博弈"就是指，在博弈的过程当中，一方利用换位思考的方式摸清楚对方的心理意图，从而以自己的思维影响对方的思维，让博弈的优势局面不断地向着自己这一方转移，从而达到赢得心理博弈的目的。

美国联邦调查局的第十一任局长托马斯·J.皮卡德说："在审讯犯罪嫌疑人的过程中，一定不要把他们当做囚犯，我们应该给予他们每个人应有的尊重，让他们感受到我们是在帮助他们，站在他们的立场上去思考问题，这样才能够让我们摸清他们的心理，从而让审讯过程变得更为顺畅。"在博弈中懂得换位思考具有很大的作用，这能够帮助我们尽快地掌握博弈对手的心理意图。换句话说，只有懂得站在别人的立场上思考的人，才能够最终用自己的思维引导别人的思维。

世界著名心理学家艾宾浩斯认为，换位思考就是人与人之间的一种心理相互体验的过程，而且这种设身处地、将心比心的心理转换是人与人之间达成理解之时不可或缺的心理条件。换位思考从客观上要求我们将自己的内心感受，如思维方式、情感体验等和对方有机地联

系起来，站在对方的立场上去思考问题、感受体验，从而为沟通奠定基础。

在美国联邦调查局的心理培训教材上，有这样一个非常著名的案例：

詹姆斯是一名参加过越南战争的陆军上尉，当他从越南回到美国奥兰多的时候，他立刻给在新奥尔良市的父母打去了电话。他在电话里说道："爸爸、妈妈，感谢上帝，让我还能够站在这里跟你们通电话。我现在已经在奥兰多的军事基地了，我马上就能够回到家中和你们一起吃饭了。"

"哦，亲爱的詹姆斯，听到你要回来的好消息，我和你妈妈高兴坏了。现在你妈妈正激动地站在我的旁边直打颤。我们想死你了，上帝真伟大，让你平安归来。"父亲在电话的另一端带着哭腔喊道。

"不过，在感谢上帝的时候，有件事情我必须要告诉你们，一个我最好的战友在战场上不幸受了重伤，他非常不幸地踩到了一颗地雷，但幸运的是他只失去了一条胳膊和一条腿，他现在没有地方可以去了，我希望我能够把他带回家，和我们一起生活，你们不会拒绝吧？"詹姆斯在电话那端高兴地说。

"哦，孩子，听到这个消息我感到非常遗憾，你知道的，我和你母亲都有着很严重的关节炎，而且还有高血压。听到这件事情我深感抱歉，詹姆斯，我们也许能够给予他更多的帮助，帮助他找到一个住处，但是和我们住在一起的想法还是打消吧，毕竟他是个重度残疾的人。"爸爸在电话那端一口回绝了詹姆斯的请求。

"但是，我最爱的爸爸，如果当初不是他踩着那颗地雷，最后可能就是我去踩了，他是和我生死与共的战友啊，没有他的话，现在的我是绝对不可能站在这里跟你们通电话的，我还是希望我们一家能够收留他，让他和我们一起快乐地生活。"

"不是这样的,不是这样的,詹姆斯,你听我说,我们一家都很同情他,也非常感谢他。但是,我们还有我们自己的生活。你应该知道的,这样一个重度残疾的人会给我们的生活带来多大的麻烦。他肯定会成为我们生活中最沉重的负担。所以,詹姆斯,我们不能让这样一个人住在我们家中。"

"不,不,不,爸爸,你真的是这么决定的吗?"电话的另一端,詹姆斯突然放声大哭。

"詹姆斯,不要哭啊,我们都为他感到难过。不过我们还是希望你能够快点儿回来,我们将这个不幸的人直接忘掉吧,他肯定会找到自己的活路的……"

老詹姆斯在电话里安慰儿子的话还没有说完,詹姆斯就已经挂断了电话,电话那头响起了一阵阵的忙音……

此后的几天里,老詹姆斯和妻子再也没有接到儿子的电话,而他们打给儿子的电话也总是无人接听。于是,老詹姆斯和妻子准备坐上前往奥兰多的飞机去寻找儿子。可是,就在他们准备出门前往机场的时候,奥兰多的警方打来了电话:"你们的儿子斯坦尔·詹姆斯于五天前从十六楼坠下,警方初步认定是自杀。"

听到这个消息后,悲伤欲绝的老詹姆斯和妻子立刻直接飞往奥兰多,他们在医院的停尸间里看到儿子时,惊愕地发现他们的儿子只有一条胳膊和一条腿——原来,儿子所说的那个受伤的战友不是别人,正是詹姆斯自己。

从上面这个案例中我们可以看到,一对不会换位思考的父母,在儿子提出带一个残疾人回家一起生活的时候,他们毫不犹豫地拒绝了,而这一次拒绝也彻底地断送了残疾儿子继续生活下去的希望。

下面也是美国联邦调查局的心理培训教材上的一个非常著名的案例:

1997年3月24日，伍德沃德、哈里斯和另外三名同事乘坐一辆吉普车外出执行任务。在走到莫里小镇的时候，伍德沃德和哈里斯突然感到肚子疼，而且疼得几乎无法忍受，同事们只好将他们送到莫里小镇的诊所去接受治疗。为了不耽误时间，另外三名同事将他们安置在诊所里，然后继续去执行任务。

然而，不幸的是，他们的三名同事在开着车经过一座山坳的时候，山顶上突然滚落下一块大石头，吉普车不幸被击中，最后车毁人亡。在听到三名同事不幸遇难的消息之后，留在诊所里的伍德沃德和哈里斯都陷入了沉痛的哀伤之中。就在他们沉默了很久之后，哈里斯开口说话了，他说："我真为他们感到悲哀和惋惜，他们那么年轻，那么优秀，没有想到以这样的一种方式离开了我们。"

伍德沃德说道："是啊，今天早上我们还坐在同一辆吉普车上，可是现在他们却都躺在冰冷的太平间里，世界真是充满了变数啊。"

"不过，在悲伤之后，我觉得我们两个还是非常幸运的。如果我们和他们一起出发的话，很可能我们这会儿也和他们一样，都躺在冰冷的太平间里了。"哈里斯以一种庆幸的口吻说道。

"不，我认为不是这样的。如果我们两个不因为肚子疼进医院的话，就不会耽误他们的行动时间，他们也就不会在巨石滚落的那个时间点正好经过"伍德沃德一脸鄙夷地看着哈里斯说道。哈里斯听到后满面羞愧。

从上面这个案例中我们可以看到，换位思考是一种站在对方的角度上对自己作出的重新审视——站在博弈对手的角度上去审视自己，不仅能够让我们看清楚对手的心理意图，也能够发现我们自身的缺点，从而让我们尽快地弥补自身的不足，不给对手任何的可乘之机，从而赢得博弈的最终胜利。

美国联邦调查局的高级特工罗伯特·汉森曾经说过："大多数时

候,当我们是这样认为的时候,别人可能也是这样想的。所以,每当我们有了一个自以为天衣无缝的计划时,我们的对手很有可能已经发现了这个计划的破绽,因此我们千万不要得意扬扬,而是应该站在对手的立场上重新审视自己,看看对手是不是也是这样认为的。"

因此,每当我们身处激烈的竞争博弈状态之时,我们就应该像FBI的特工们一样,善于使用"换位博弈"的方法,站在对手的立场上去审视整个局势的变化,这有利于我们看得更清楚、更全面。所以说,我们要想成为一名像FBI一样的博弈高手,就必须学会换位思考,在博弈的过程中巧妙地掌握对手的心理。下面我们就来看看,美国联邦调查局是如何以换位思考这一方式实施心理进攻的:

(1)善用"换位博弈"的方法,就必须让换位思考成为一种习惯

美国联邦调查局第十一任局长托马斯·J.皮卡德说过:"凡是我们想方设法去做的事情,在做之前总是应该想想,这样做的结果对别人有什么影响,因为所有的影响都有反作用力,如果给对手产生了坏的影响,那么有时候对我们也同样会有不好的影响。"

众所周知,当任何一种行为转化成一种习惯的时候,那么我们在此后的每一件事情上都会按照习惯去做——让换位思考成为一种习惯,最为关键的因素就是我们必须持续不断地坚持去做,并时刻提醒自己去换位思考,让这种思考方式成为一种习惯。

(2)"换位博弈",思维应该先到位

对任何一个竞争者而言,在博弈的时候使用"换位博弈"的方式去摸清对方的心理意图,那么就必须"思维先到位"。《成为美国联邦调查局探员》的作者霍尔登说过:"一个人拥有正确的思想意识是进行换位思考的基础和前提条件,假若你的思维总是不够灵敏,那么即使你站在别人的立场上也看不到什么问题。"

"换位博弈"其实质就是思维的比拼,如果你的思维总是比别人慢半拍，在你发现问题的时候，别人已经有了应对之策。那么你就会落后于人。因此，我们在换位思考的时候，一定要明白，别人能够给我们带来什么样的利益和危害。在利益和危害所引发的心理作用下，我们自然就会积极地进行思考。比如当我们在和别人做同样的一件事情之时，我们肯定会去想，他为什么要这么做？他这么做的后果是什么？进而促使我们主动去思考。所以说，明白一件事情的利害关系，是让我们在"换位博弈"之时，做到思维先到位的关键。

6

结果博弈——多用烟幕弹，假设多种结果扰乱对手心神

所谓"结果博弈"是指在博弈的过程中，一方利用假设多种结果的方式扰乱另一方的心神，从而摸清楚对方的心理变化，最终用自己的思维引导对方的思维，让博弈的优势局面不断地向着自己这一方转移，从而达到赢得博弈的目的。

美国联邦调查局第十一任局长托马斯·J.皮卡德说过："在审讯的过程中，几乎每一个犯罪嫌疑人都会倾尽全力地去掩饰自己内心深处最为脆弱的那个点，所以当审讯官假设的结果接近他们内心隐藏的秘密时，他们的心理肯定会发生变化。"事实上，当我们在面对竞争对手之时，如果在不掌握主动权的情况下，也可以像FBI的特工们一样，不断地以假设的结果去扰乱对手的心理，布置烟幕弹，从而让我们在复杂的局势中找到对方最为脆弱的地方，给予狠狠一击。

1984年11月17日，"凤凰城"菲尼克斯发生了一起抢劫杀人案，六十七岁的老富翁德雷克斯勒在家中的小花园里被枪杀，家里的财物被抢劫一空。在接到报案之后，FBI高级警官莫里斯·凯拉斯奇立刻带着下属前去查案，在对案发现场进行了仔细的勘验之后，莫里斯发现

劫走全部财物只是一个幌子，而凶手真正的目的是致德雷克斯勒于死地。那么凶手为什么要残忍地杀害一位老人呢？

带着这样的疑问，莫里斯·凯拉斯奇开始了调查。在经过近四个礼拜的查访之后，莫里斯·凯拉斯奇将目标锁定在了德雷克斯勒的远房侄子贾米尔·佩特洛的身上。

贾米尔·佩特洛是美国陆军某部队的中校。莫里斯·凯拉斯奇发现，在案发当天，贾米尔·佩特洛中校曾经去过一趟叔父家中，而且是独自一人前往，并且，除了他之外，并没有其他人进入老富翁德雷克斯勒的家中。此外，莫里斯·凯拉斯奇还发现，凶手是一名非常善于用枪的人，而作为一名军官的贾米尔·佩特洛中校显然很符合条件，只是作案时使用的枪支不是军用枪械，而是一把普通的民用手枪，但对任何一个美国人来说，拥有普通的手枪都并不是一件难事，更何况一个堂堂的陆军中校呢？

于是，莫里斯迅速抓捕了贾米尔·佩特洛中校，并且对他进行了审讯。在审讯一开始，善于狡辩的中校进行了百般抵赖，无论如何都不肯承认自己所犯下的罪行。

"中校，你很清楚，一个杀人犯肯定会拼死抵赖的，因为他犯下的罪行实在是太严重了，我的话你懂吧！"莫里斯·凯拉斯奇一脸威严地说道。

"请不要用这种口吻跟一个参加过越南战争，营救过出事的矿工，身上有七处伤疤的老兵这样说话，我犯了什么罪行的话，我肯定会说。我以一个老兵的荣誉担保，我没有说谎话。"拥有较强心理素质的贾米尔·佩特洛中校一脸正气地说，仿佛他的身份根本就不是犯罪嫌疑人，而是一名刚刚从人们欢呼声中走出来的荣誉士兵。

"哦，尊敬的中校，请问你和你叔叔的情人朱莉亚是什么关系，我们发现你们走得很近。"

"不可能，我怎么会有动我叔叔的情人的念头。你们太看不起一位老兵了。"

"你对朱莉亚没有动感情？那么你为什么总是缺钱用？据我们调查，你信用卡的等级已经被调到了最低，因为你欠了银行大量的钱，你的钱都花在朱莉亚身上了。"

"没有，我怎么会为那个女人花那么多的钱呢？我的钱……"贾米尔·佩特洛说到这里的时候，明显地停住了。

"中校，为什么不说下去呢？你的钱没有花在朱莉亚身上，都花在什么地方了。据我们调查，你在拉斯维加斯可是有着醉酒驾车的记录的，而拉斯维加斯可是全球闻名的赌城啊！我敬重的老兵，贾米尔！"莫里斯·凯拉斯奇突然提高了嗓音问，因为此时多种假设的结果已经逼得贾米尔·佩特洛有些慌了，而莫里斯·凯拉斯奇也知道，真相马上就要浮出水面了。

"哦，那我知道了，你和你的叔叔积怨很深，结果忍无可忍，最后就枪杀了自己的叔叔。"莫里斯继续逼问。

"不，我是为了拿到他卧室里的画。哦，不，我怎么这么说。"贾米尔·佩特洛恼火地摇了一下头，他已经说漏嘴了。

原来，贾米尔·佩特洛是想要拿叔叔卧室里那幅名画去讨好自己刚刚认识的一个女人，但在多次讨要无果之后，最终因愤怒枪杀了自己的叔叔。

从上面这个案例中我们可以看出，经验丰富的莫里斯·凯拉斯奇警官在一开始毫无把握的情况下，他一连用自己各种假设的结果试探了贾米尔·佩特洛中校，结果成功地掌握了贾米尔·佩特洛情绪上的变化，最终让他说出全部犯罪经过——对一个FBI的高级警官来说，以假设多种犯罪结果的方式，找到犯罪嫌疑人内心最为忌讳的地方，从而成功地找到破案线索，这无疑是非常高明的一招。所以，当我们在和竞争对手进行激烈博弈的时候，他们肯定会将自己的真实想法深深地隐藏起来，在这个时候我们就不妨像莫里斯·凯拉斯奇警官一样，以假设多种不利于对方的博弈结果的方式提出问题，扰乱对方的心神，从而掌握对方的心理变化，最终成功地操控对方的心理，赢得博弈。

实际上，在我们的日常生活中，每个人都有可能遇到一个善于隐藏自己真实想法的对手，而这样的对手通常都是非常难以对付的——他们就是博弈中的"危险分子"，将自己的真实意图深深地隐藏起来，然后从我们身上不断地找出破绽，将我们当做他们获得成功的"垫脚石"。可以说，在面对这样的人时，我们总是面临着很大的挑战——你不能掌握他的心理变化，那么他就会掌握你的心理变化。所以，我们就应该在对手发动进攻之前，提前发动猛烈的攻势，不断地假设各种不利于对方的结果，让对方疲于应付，最后暴露出对方真实的心理意图。下面我们就来看看，美国联邦调查局根据一百多年的经验和研究，他们是如何以这一方式实施心理进攻的：

（1）"结果博弈"最好的手段就是利用对方最预想不到的结果刺激对方，激怒对方，从而让对方露出破绽

《成为美国联邦调查局探员》的作者霍尔登说："从审讯一开始，一些狡猾的犯罪嫌疑人就会将之前想好的抵抗策略使出来，在他们的大脑中已经将审讯的情景、审讯员提出的问题模拟了很多遍，几乎每个细节他们都想出了很多种应对的答案，那么这就要求审讯员能够提出令犯罪嫌疑人意想不到的问题，这样就会让犯罪嫌疑人措手不及、阵脚大乱，从而顺利地找出犯罪真相。"

实际上，每当我们在竞争中面临强势的博弈对手之时，那么我们都应该像FBI的特工们一样，善于用对手最意想不到的假设结果去干扰对方的心神的方式迫使他们露出破绽，进而找出线索。

因为，当一个人发怒的时候，最大的特点就是不会去理性思考，而这个时候他们在失去理性之后，通常就不会按照自己原来的策略去做。所以，当我们在博弈之时，一定要学会像FBI的特工们一样假设不同的结果，最终刺激对方，激怒对方，从而在对方失去理性的时候成功掌握他们的心理变化，赢得最终的胜利。

（2）在实施"结果博弈"这一手段之时，一定要注意观察对手在面对不同预言结果时的不同情绪变化

《我的FBI生涯》的作者弗里说："每一个犯罪嫌疑人都会说谎，但是他们流露出的情绪却往往总将他们出卖。我曾经做过这样一个实验，测试一千个犯罪嫌疑人在说谎时的情绪变化，结果发现每一个说谎者在说谎之时都有着与平常完全不同的情绪。"

可以说，当我们在以不同的假设结果去干扰对方的心神之时，对方的情绪都会出现变化，而在这个过程中，他们的情绪对哪一个结果表现得最为强烈，那么就说明这个结果就是最接近真相的结果。所以，当我们在进行博弈的时候，以不同的结果向对手施加压力的同时，我们更应该注意的是对手情绪的变化，通过他们的情绪变化来掌握对手的真实心理情况，从而成功地掌控对方的情绪。

Part 03

瞬间改变对方想法——
FBI的言语操控心理策略

　　FBI的特工认为，言语操控在审讯过程中起到了非常重要的作用，可以引导犯罪嫌疑人的心理变化，使其按照调查人员的既定思路思考，最后说出案情真相。而在日常生活中，进行言语操控时使用的语言技巧，在心理操控方面占有十分重要的位置，可以说，不论是其他何种心里操控技巧都离不开语言方面的辅助。因此，FBI的特工提醒人们，在日常的人际交往中要注意自己的语言技巧和谈话方式，以增进、改善自己与他人之间的感情和关系，以拥有良好的人缘。此外，这还可以在与他人交往时始终占据有利的位置，以控制对方的思维和改变对方的观念从而实现自己的目的。

初次见面就叫别人的名字是打开戒备心的钥匙

FBI认为,在初次见面时,一开口就叫出对方的名字,就会使对方从心理上感觉到受尊重,从而使得彼此间的氛围更温馨、更融洽;反之,如果多次见面后还是记不住对方的名字,就会让彼此产生疏远感和陌生感,甚至使得双方的谈话难以继续。这种方法不仅适用于FBI调查人员走访公民时的谈话过程中,而且在日常生活中也可以将它作为一种非常有效的社交手法,尤其是对销售人员而言,能够叫出客户名字的销售人员,他们的业绩总是相对好一点儿。

名字是一个人的代号,从产生之初就被人们寄了许多美好的愿望,所以人们对自己的名字都很重视。此外,名字在日常生活中还是非常重要的社交符号,所以在与人相处和交往的过程中,记忆名字的能力是最基本的能力。

人际关系大师戴尔·卡耐基曾经问一位成功的销售人员吉姆的成功秘诀,吉姆只是简单地回答他说:"勤奋。"

"别开玩笑了。"卡耐基忍不住说:"勤奋的人太多了,但是我没有见到过像你这么成功的。"

"那么，你认为应该是什么呢？"吉姆只得反问卡耐基。

卡耐基思考了一下，说："我听说，你能够记住一万个人的姓名？"

"不对，不止一万，我大概可以叫出六万个人的姓名。"吉姆更正他说。

"这就对了，这就是你能够成功的秘诀。"卡耐基认真地说。

吉姆在身居要职之前，只是一家公司的推销员，在销售工作当中，他总结了自己的销售方法：在与客户见面之前，就要先作好客户的资料调查，记住对方的姓名、年龄、爱好等，在见面的时候率先叫出对方的名字，拉近与客户之间的距离。而且还在谈话过程中，记住对方的一些个人习惯，以便在下次见面的时候能够开拓新的话题，比如问问客户最喜爱的猫最近怎么样等等。吉姆的这种方式获得了许多人的认可，大家都认为他亲切、真诚，愿意与他做生意，所以他的销售业绩自然节节攀升。

卡耐基正是根据吉姆的案例，总结了日常生活当中我们与人交往时应该注意的一条，他说"世界上最美妙的声音，就是听到自己的名字从别人的口中说出来"。因此，在初次见面时能够叫出对方的名字，是快速增进彼此感情的有效方式，不仅能够打消对方的戒备，还能拉近彼此之间的距离。

这种"叫出对方名字"的心理操控技巧，不仅在销售领域，在其他领域也是非常有效的社交手法。

美国一所著名私立学校的校长，曾听FBI调查员的朋友介绍过这种心理操控法，此后对这种"叫出名字"的方式情有独钟。每年新生入学的时候，他都会仔细阅读所有学生的登记表，分别依靠照片记住他们的长相和名字。因此，每当这位校长在学校里遇到学生的时候，或者开集体会议的时候，总是会脱口叫出学生的名字。这种亲切态度对每一个刚刚到陌生环境里念书的学生来说，都是一种莫大的安慰，而且对支付了几千美元高昂学费的家长来说，当他们从孩子的口中得知校长能够主动与孩子打招呼，并且叫出孩子的名字，必定会非常放心和感激。因此，越来越多的家长都愿意把孩子送到这所私立学校读书，不久这所学校就成为美国最负盛名的私立学校。当然，我们不能够把这一成绩完全归功于校长能够记住学生的名字这件事情，但是校长在此扮演的教育者和行销人员的双重角色，对学校的发展产生了很大的影响并且作了很大的贡献。

因此，FBI提醒人们，生活在现代社会的人们所面临的局势越来越复杂多变，正因为如此，人际关系的好坏无疑可以在很大程度上改变一个人的未来，因此我们掌握一些社交技巧就显得十分迫切和必要。而在初次见面的时候就将别人的名字脱口叫出，这种方式能够给对方留下良好的印象，使对方感受到你的真诚，进而敞开心扉与你交往，这样一来，我们就可以为自己的未来多铺设一条人脉，为成功奠定更加坚实的基础。

2 言语间留有余地，利用迂回方式使对方靠近自己

FBI特工在审讯犯罪嫌疑人的过程中，犯罪嫌疑人往往具有强烈的自我保护意识，如此一来，当提问的内容涉及到可能损害他们自身利益的时候，出于自我保护的本能心理，他们多数都会选择三缄其口。这个时候，直接、连续地追问可能不会给陷入僵局的询问以任何实质性的帮助，而是应该找出一种婉转的方式"迂回前进"，从而转嫁犯罪嫌疑人的责任，减轻他的心理压力，如此一来，对方才更加容易开口说实话。

(1)假借"第三人"身份，让对方开口说真话

FBI的资深心理学专家罗伯特·K.雷斯勒和哈佛大学社会心理学教授杰尔姆·卡根认为，有的时候，当你千方百计地利用自己的伶牙俐齿去探知一些事情的真相时，对方很有可能会模棱两可地回应你，所以你很难得到具有实际意义的信息。这种不轻易开口讲话的人，往往都极度缺乏安全感，遇人遇事的时候总是有着强烈的自我保护意识，所以当你用直接的方式询问他们，例如以下的这些问题：

"你是怎么看待xxx的？"

"你认为新来的主管制订的计划如何？"

"如果让你当主管，你会做得比他好吗？"

……

如果你以这种直接的方式问话，多半得到的都是"不错"、"挺好的"、"还行"之类的回答。如果你所提出的问题更加隐秘和深入，涉及到对方的隐私和切身利益时，对方甚至会愤然离去。而当你换一种比较温和、迂回的方式，比如借用第三人称，就可以缓解你与对方之间的心理对峙压力，让对方放松警惕，增加彼此的认同感，从而使对方能够慢慢透露你想知道的信息。

这里可以借助前面我们所提到的一则事例来说明：1998年，美国总统克林顿与莱温斯基的"桃色新闻"震惊全球，女主角莱温斯基成为媒体竞相追逐报道的热点，一时之间，莱温斯基"坏女人"的形象深入人心，这使莱温斯基失去了面对公众和媒体的勇气，整日待在家中，过起深居简出的生活。CNN著名节目主持人芭芭拉·沃尔斯特通过细心的引导，说服了莱温斯基接受她的专访。作为专访节目的主持人，芭芭拉非常想代替观众问出莱温斯基接触总统的目的，但是如果在言谈和话语间提到了带有贬义性的字眼，就很有可能造成莱温斯基的反感，而使访问不欢而散。于是，经验老道的芭芭拉·沃尔斯特巧妙借助"第三人"之口，提出了看似平常的问题："请问，有些媒体说白宫的女实习生都非常向往能够接近总统，对于这点你是怎么看的。"

仅仅借用了"媒体"二字，就将问题的发出者从芭芭拉抛向了某个不知名的媒体，也澄清并不是芭芭拉本人对莱温斯基带有贬义的看法，虽然这类似于一个托词，但是却让莱温斯基意识到芭芭拉并没有嘲笑或故意贬低她，而是非常客观和中立地看待这件事情。因此，莱温斯基被芭芭拉的善意感动，愿意对她说出整个事件的真相，给美国公众一个透明的事实。

这种"第三人"的方式看似绕远,但却能够最直接、有效地赢得对方的信任和好感,进而让对方说真话。比如,当你想知道你的同事是如何看待某一事件时,你可以这样询问:"你们部门的人都是怎么认为这次公司的人员调整的?"这种借用了"部门人员"这一第三人称谓的方式,绝对比直接询问对方的意见获得的结果要更加真实可信。

针对这种现象,FBI解释说,过于直接式的询问会引起对方心理上的抵触和自我保护意识,为了避免承担责任和陷入麻烦,大多数人都会三缄其口。但是在借助了"第三人"之口之后,就等于是向对方传达了这样一种信息:发表了这种观点的当事人并不在场,或者你现在所说的话并不一定是你的观点,可能是你的朋友、同事的观点,所以你大可无所顾忌地说出来。这样对方就会卸下"承担责任"和"心理对峙"的压力,你也可以轻易地让他知无不言,言无不尽了。

(2)故意讲错话或做错事

当事人故意说错话或做错事,然后等待对方纠正,这样就能够知道对方是否知道或者做过某件事情。这种技巧就叫做"以话套话",也是一种被广泛使用的"心理操控术"。

在FBI审讯犯罪嫌疑人的时候,如果直接向犯罪嫌疑人说明情况,然后询问案情细节,老奸巨猾的犯罪分子自然是百般推脱自己的罪行,而且一旦采取这种直接询问的方式,也很容易打草惊蛇,不但原本的目的达不到,以后的审讯也可能变得更加困难。而如果使用这种故意说错话、做错事的"套话技巧",在有些时候,会使对方放松警惕,然后在不经意间说出重要的信息,FBI利用这一点,就能够从对方的口中探听到有价值的线索。

FBI曾经抓捕过一个连续犯案的强奸杀人犯,但是由于没有确凿的证据,而犯罪嫌疑人又矢口否认,所以整个案件陷入了僵局。FBI经过调查发现,这名犯罪嫌疑人对数字极为敏感,有轻微的顺序强迫症状。也就是说，这个犯罪嫌疑人难以容忍某些既定的顺序被打乱。

于是FBI决定利用这一点逼嫌疑人露出破绽。在审讯的时候，调查人员拿出被犯罪嫌疑人杀害的所有女性死亡时的现场照片，并且按照事件发生的先后顺序将照片固定在展示板上，然后将其中三张抽出，打乱顺序插入到所有照片当中，而且故意将打乱的顺序标记在明显的位置，让犯罪嫌疑人能够一眼就发现。在审讯过程中，FBI认真地询问案情的各种细节，故意忽视立在旁边贴有照片的展示板，此时的犯罪嫌疑人回答得心不在焉，否认的借口也时刻在变换，而且眼睛不时会扫过旁边的照片，显得坐立不安。调查人员装作视而不见，继续例行询问。然而过了一会，犯罪嫌疑人竟开始呼吸急促，要求喝水、抽烟，又过了一段时间，犯罪嫌疑人终于爆发，猛然从座位上跳起，然后站在展示板旁边，一边调整着照片的顺序，一边狂喊着："你们这些白痴！废物！这个女人应该死在这个之前的！这个女人是应该放在这里！这种顺序怎么能够弄乱？"调查人员看到这种状况，微笑着说："哦，是吗？好像真的排错了，谢谢你调整过来。不过，这里面有些案情是没有对外界公布的，你为什么会这么详细地知道案件发生的确切时间呢？"顿时，犯罪嫌疑人瘫坐在椅子上，不得不承认自己的罪行。

这就是典型的借用"以话套话"的方式来打探事情的真实情况的案例。

在平时的学习和工作中，这种套话技巧也非常实用。比如，你刚刚进入一家新单位，想要知道自己的顶头上司是不是已经结婚了，但又不好意思直接地询问别人。于是，你可以这样向你的同事询问："听说咱们主管结婚快三年了，生活应该挺幸福的，你看保养得多好。"

"不对啊，他结婚才刚半年。"

"啊，那是我记错了。"

这样一来，你就能达到自己原来的目的——确定主管已经结婚，而且已经结婚半年。

人们往往都会有纠正别人的明显错误来显示自己渊博多识的欲望，而"以话套话"就是建立在人类这种心理特性的基础之上的。说出"错误"的话，或者做出"错误"的事情，然后让别人主动进行"纠正"，如此一来，对方不自觉地就透露出你想得到的重要信息。

其实，这种套话技巧在日常生活中也可以用来活跃气氛。

比如，公司在开会的时候，老板在上面发表讲话，大家都凝神屏气地静听，会议室里安静一片。讲着讲着，老板开始频繁出错，甚至连常识性的问题都讲错。在座的人当中，终于有胆子大的人忍不住了，然后起身纠正。老板听了之后，笑道："我的话当然不都是对的，所以才需要别人的提醒和意见。好了，现在开始总算有人开口发言了。"于是，原本沉闷死板的会议气氛就开始变得活跃起来。

在以上的例子当中，这种故意"说错话"实际上也是一种"示错"的艺术，即讲话的时候在"错"上做文章，以引起对方的注意和反思。这种方式在人际交往过程中，实际上是一种用于批评、提点，又能够给别人留足面子的绝佳方法。

(3) 妙语连珠、迂回反击

心理学上认为，直接侮辱他人的话语都有一个共同的特点：说话的人都是处于冲动状态。因此，说话时可能欠考虑，才会说出使对方难堪或者受到侮辱的话。这时候如果双方失去理性，就会引发一场争吵甚至是打斗。面对这种情况，最好的策略就是保持冷静，然后借助理性进行巧妙反击。

一位军官在训练新兵的过程中，突然一位新兵感到内急，很想去洗手间。此时，军官正在训话，但这位新兵还是忍不住插嘴道："不好意思，长官，打断一下，我出去一下，一会儿就回来。"谁知这句话让军官火冒三丈，于是脱口而出："你的父母到底是怎么教育你的？"这句话不但辱骂了新兵，还牵连到了他的父母，这本来是一件极其令人气愤的事。但是新兵对此并没有发怒，他知道长官与自己的父母并不认识，所以并没有真正要侮辱他的父母，只是怒气之下说话有欠考虑。而军官发火的真正原因是新兵毫无礼貌地打断了他的讲话。

这时候，新兵似乎是有些傻愣愣地反问军官道："长官，不好意思，我是由祖父和祖母带大的。您的父母是怎么教育您的呢？您说出来，我也能学习学习。"结果这位军官也意识到自己的失礼之处，并批准这名新兵去洗手间。

以上三种说话方式让我们认识到，在日常生活中，每个人都免不了与人说话、沟通。但是，在一些特定的场合能够凭借说话而很好地与人相处却并不多见。要知道在很多时候，人们能够运用好语言这一有力武器是相当重要的。只有注意把握说话时的分寸，才能不断提高语言运用能力，才能轻易地与人接近，获得他人的认可，进而达到自己的目的。换句话说，想要在社会上占据一定的地位，取得事业上的成功，说话之道是尤为重要的。

人与人之间不能缺少交流，而语言就是加强人们之间关系的纽带，可以直接决定人际关系的好坏。更为重要的是，一个人的说话技巧能够影响其一生的事业发展和人生价值。卓越的口才和良好的说话技巧能为自身增添不少魅力。如果说一个人的外表能够吸引他人的注意力的话，那么良好的口才就能够让这种注意力维持得更加长久。

FBI认为，在日常生活中，人们要学会灵活地使用语言，这样才能更好地维护自身利益，让对方接受自己的观点，不会从心理上产生排斥感，更能够使事情向着既定的方向顺利发展。

3 改变顽固人的想法 可以对其多加赞美

众所周知,当你更多地运用赞美的时候,就是减少敌人和增加朋友的过程,这样可以更好地赢得对手的心。所以千万不要吝啬你的赞美,因为你的赞美可以改变很多:将对手变为朋友;让对方心存感激;改变顽固人的想法……

(1)公开赞美对手,将对手变为朋友

FBI特工提醒人们,在现在这个竞争激烈的社会里,强者之所以能够取得胜利并不仅仅是因为他们最具有能力,而是因为他们最懂得操控人心,能够不断将对手变成能够给自己提供帮助的朋友。这是一种用来对付对手的高明办法,但是怎么做才能够赢得对手的心,将对手变为朋友呢?最好的方式就是赞美对方,特别是在公开场合赞美你的对手,所有人在听到如此赞美的话后,都会折服于你的宽容和友好。

2008年6月7日,美国国家建筑博物馆前,在民主党内部竞选活动中已输给奥巴马的希拉里准备在这里作退出总统选举的演讲。希拉里虽然输掉了竞选,但是当她出现在广场上时,等待演讲的支持者全部热情高涨，欢呼声、掌声回响在整个广场上。许多人见到这种场景，可能都会想：希拉里输掉了竞选，为什么还能受到支持者如此的爱戴和尊敬呢？但是当希拉里开始了她长达28分钟的退出竞选演讲时，人们就得到了答案。

在演讲当中，希拉里并没有过多地回顾自己参加竞选的整个历程，更没有因为竞选失败而抱怨或者悲伤，而是多次提到了与她竞争的另外一位候选人——奥巴马。虽然她输给了奥巴马，但是却没有对奥巴马表现出任何的仇视，相反，她多次赞扬奥巴马的人格和行事方式，在整个演讲中都表达出了对这位昔日的竞争对手的支持。

希拉里的演讲内容提到奥巴马的名字竟多达14次，她非常真诚，并且用充满感情和感染力的声音号召原来支持她的选民能够继续支持奥巴马，帮助奥巴马代表民主党竞选总统。希拉里说："我今天就宣布终止我的竞选，我转而支持奥巴马全力进攻总统大选，并且将尽我所能对他表示支持。我请求支持我的公民跟我一起，像支持我一样继续支持奥巴马。人们实现目标的方式就是，拿出你们的热情、经历、力量，为了我们正在做的事情而竭尽全力，帮助奥巴马当选下一届美国总统。"希拉里在说完这段话之后，立刻赢得选民们的高声赞扬和经久不息的掌声，她甚至引用奥巴马的竞选口号"是的，我们能"来鼓励选民们。她还说："虽然，我们民主党的竞选道路一定会充满坎坷，但是我非常有信心奥巴马能够最终获胜，因为我将与他站在一起，是的，我们能，我们民主党最终能够赢得这次大选！"

结果证明，这次演讲非常成功，虽然希拉里输掉了民主党内部的竞选，但她还持有较高的选民支持率，而且她的这些选民也因为希拉里的鼓舞而支持奥巴马进行总统大选，为奥巴马最终成功当选总统起到了非常重要的作用。最为难得的是，希拉里昔日的竞争对手奥巴马也在这次演讲后由原来与其敌对、竞争的关系变成了友好的朋友关系。希拉里虽然没能成为美国历史上第一位女总统，但是却能够担任国务卿这一要职。公开的赞美、博大的胸襟以及长远的眼光，都是希拉里能够成功的原因。

那么，为什么公开赞美对方可以化解敌意，将对手变成朋友关系呢？心理学家们指出，在人与人的交往过程中都将自我价值摆放在第一位，而且每个人都会在一定程度上对自我价值进行保护。这种对自我价值的保护就体现出人际交往中的交互性原则，具体来讲，也就是"增减原则"，即人们最喜欢的是那些能够愈加肯定自己的人，而反感那些不断减少对自己的赞美的人。

基于以上的心理学原理，我们就可以总结公开赞美竞争对手或者敌人的策略：赞美对手的行为除了能够征服对手外，还可以征服其他听到这个赞美的人。正如希拉里对奥巴马的赞美，不但赢得了奥巴马的信任和友谊，还赢得了奥巴马支持者的拥护。

卡夫卡曾经说过："善待你的对手，才能够显示出你品格的力量和生存的智慧。"在人们的工作生活中，当你面对你的对手时，特别是曾经击败过你的对手，多数人往往会更多地关注自己，从而表现出强烈的敌意，而很少会有人像希拉里那样能够以宽大的胸怀和高深的智慧去思考——如何在吃亏的前提下，增加一个朋友，减少一个对手，为以后的成功增加砝码。这也是希拉里能够不断赢得美国民众的支持的关键，也是她能从竞选失败的阴影中走出来，成为成功女性代表人物的原因所在。

基于此，FBI提醒人们，说服对手成为自己的伙伴，利用赞美去操控他人的内心和思想，对人际交往而言，是非常重要的手段和方法。众所周知，人与人之间存在对立，但是又不得不相互依赖，这就需要你与他人之间建立起良好的关系，并且能够依靠自己的智慧将对立面转化为相互统一的一面，即使是对待仇恨的敌人，也应该以博大的胸怀和宽厚的心去对待他们，然后才能赢得敌人和对手的尊重和友谊。

由此可见，在日常的人际交往中，对他人友好，多用赞美之词，不要处处与人为敌，就能够给自身的发展创造出一个良好、友善的环境，为最终成功提供良好的保障。

(2)得饶人处且饶人，让对方心存感激而不是怀抱怨恨

对日常生活而言，我们都会遇到诸多挫折，如果我们因此而心生怨恨，那么就很有可能造成自己心理上不平衡而做出许多超越正常行为规范的事，甚至是一些极端行为。由此可以得出，怨恨是一种极不健康的心理现象，也是很危险的事情。因为社会中的一些仇视行为会给他人与自身带来伤害，所以这种心理会严重影响社会的安定、和谐。

"怨恨心理"来源于古希腊的一个神话故事。这个故事的主角是一个叫海格力斯的大力士，他被当时的人们奉为英雄，所以自视甚高。一天，他在一条崎岖不平的小路上行走，走了一段时间之后，忽然发现脚边有一个圆滚滚的东西，好像是一个已经装满了东西的袋子，于是他出于好奇而踩了那东西一脚。谁知道那个鼓鼓的袋子很不一般，被海格力斯踩了一脚后，它不但没有瘪下去，反而比被踩之前更膨胀了。此时，海格力斯的怒火一下就燃起来了，他顺手拿起旁边的一根粗木棒，用尽全身力气开始敲打这个圆滚滚的"袋状物体"，但是他没有想到，这个原本看似弱小的东西随着他的敲打，不断地膨胀，而且敲打得越猛烈，膨胀的速度就越快，最后终于膨胀成了一座小山。虽然海格力斯气愤不已，但是又对它无可奈何。这个时候，走过来一位智者，智者指着眼前的"小山"告诉海格力斯："朋友，不要再管它了，这个东西叫做"怨恨袋"，若你不招惹它，它就只是原本的一点点，但是你越侵犯它，它越膨胀变大，和你对抗到底！"

这则古希腊的神话故事告诉了人们一个非常简单的道理：虽然人们心中都抱有一点儿怨恨，但不会对日常生活和人际交往造成影响。只要你能够豁达对待它，矛盾自然而然就会消失，事情也会顺利进行；但是如果你刻意与之为敌，心中的怨恨一直放不下，那么就会在仇视的道路上越走越远。这就是心理学上著名的"海格力斯效应"。

所以，在人际交往的过程中，人们对待怨恨的态度，既可以是积极的、肯定的，也可以是消极的、否定的。从人与人之间沟通的角度来讲：若你对我有帮助，那么我自然也会帮助你，这就是正面的、积极的；如果你处处与我为敌，让我心存怨恨，那么我也会给予相应的回应，这就是负面的、消极的，极容易产生摩擦和矛盾。

在日常生活当中，出现摩擦和矛盾实际上是常有的事情，如果我们都持着"以牙还牙、以眼还眼"的心态，那么心中的怨恨就会像一只不断在充气的气球，最后很有可能会膨胀到无法控制的地步而爆发。相反，在遇到不平之事的时候，能够做到"得饶人处且饶人"，适当地放对方一马，对方会在心里对你产生感激之情，而这种感激很有可能在日后对你有所帮助。FBI在审讯某些罪行较为轻微，或者没有太多经验的犯罪嫌疑人的时候，通常会寻找他们的心理弱点，然后以"情感互惠"的方式对其进行攻心战术。当犯罪嫌疑人因为调查人员在某方面对其"宽容"或"网开一面"的时候，就会从心底产生感激之情，然后为了报答这种网开一面的恩情，往往会为调查人员提供出重要的情报。

安妮·斯韦钦曾经说过："人的心灵，总是具有宽容的力量。"所以这种宽容之力在人们日常生活中的强大之处就在于能够轻易消除人与人之间存在的隔阂。变惩罚为奖赏，变怨恨为感恩，并且洗涤人们的心灵，消除沟通当中的诸多误会和矛盾。

(3)运用鼓励与批评相结合的方式

　　FBI认为，人们在行动之后，如果对自己行动所造成的后果有所了解和评价，那么这种了解就会进一步强化之前所进行的行为，从而促使人们做出更多的类似之前的行为。这就是鼓励所产生的心理效应。受到鼓励的行为如果是积极的行为，那么就会继续进行以求得更大发展；与这种情况相反，如果人们的某种行为所收到的评价是负面的、消极的，即受到他人的批评时，人们也会积极地对自己的行为作出调整，使之向着正确的方向前进。所以鼓励和批评都能够使人进步。

　　而在心理学的研究上，也有以"鼓励"和"批评"为研究对象的案例，即"经典反馈实验"：当你面临两种选择，一种是受到他人的表扬，一种是遭到严厉的批评，你会更倾向于选择哪一种？很显然，正常状态下的人们，大多数都会选择接受表扬；那么换另外一种情况，在遭到他人严厉的批评和被其他人忽视这两者之中，你会选择哪一项呢？或许有许多人会认为，避免被批评应该是大多数人的首要选择，但是实际上的结果却与人们的预测截然相反。

　　为了证明以上的结论，心理学家赫洛克设计了经典反馈实验。实验的对象是某一所学校的106名小学生。心理学家们将这些孩子分成了四组，这四组实验对象每天要进行的实验任务都是相同的，即每天进行15分钟的加法练习，而且四组学生的练习题难度相同，然后持续进行5天时间。这期间唯一不同的是，在每次练习之后，心理学家们都会查看四组学生的完成情况，然后给出完全不同的评价。

　　第一组参加实验的小学生在做完每日的练习之后，不论结果如何都会受到心理学家们的表扬，所以被称为受表扬组。

　　第二组参加实验的小学生不论练习题目做得多么出色，都会受到不同程度的批评，所以被称为受批评组。

第三组参加实验的小学生,所做的练习题虽然会被检查,但是却不会接受到任何的评价,而只是让他们静听其他两组的学生受到的表扬或者是批评,所以这一组被称为受忽略组。

第四组参加实验的小学生做完每天的加法练习之后,不但作业不会被检查,也不会得到任何评价,而且,他们也不会听到关于其他几组的任何受到表扬或者是受到批评的消息,所以第四组被称为受隔离组。

经过了连续五天的练习之后,心理学家们对这四组学生的学习成果进行了最后的测试。最后的测试结果表明,前三组的成绩进步都比最后一组要明显,并且在这进步的三组之中,第一组,也就是受表扬组取得的成绩是最高的。但是也有令人不解的情况,那就是受批评组的成绩,与另外两个小组相比,进步速度竟然要高于那两个小组。

对于这种现象,实验的设计者赫洛克作出了这样的解释:心理学家们对学生们的练习成果作出评价,这种评价是对他们每天辛苦学习的反馈,不论受到表扬还是批评,对小学生来说都是一种反馈的效果。而受忽略组和受隔离组都没有直接接收到评价,所以就没有反馈现象。因此,由于及时接收到了反馈,所以能够对自己的学习作出一定的了解和自我评定,这种自我评定能够对自己的行为产生进一步的推进作用,这就是心理学上的"反馈效应"。

从这个经典反馈实验当中我们就可以得知,表扬所起到的作用明显要大于批评,但是批评也比忽视所起到的效果明显。这样的结论运用于人们的日常人际交往中,也就是多多鼓励和表扬他人,适当进行批评,不要忽视他人感受,将收到很好的效果。

可见,在人际交往中,不论是积极的还是消极的反馈,都是人们之间进行互动和情感交流的重要途径。鼓励与批评是反馈的常用手段,能够使交流双方明确彼此的优点和不足,增进共识,加深感情,建立起稳固的人际关系。所以，**FBI**提醒人们，在日常人际交往过程中，多运用鼓励的手段可以赢得对方的好感，而适当的批评也能够赢得他人的信任感，只有这两种方式相互结合，恰当运用，才能够使对方放下戒心，更容易接受你的意见和观点，从而帮助你完善人际关系，建立广泛的人脉。

4 故意贬低对方从而实现转变对方的想法

在FBI侦破案件的过程中，常常会遇到一些非常有自信并且自尊心超强的犯罪嫌疑人。这些人的共同特点就是难以接受别人的指正和批评，如果自己的行为、人格或者做事方式被他人贬低，就很容易陷入失控的状态。但是对FBI来说，犯罪嫌疑人的心理失控其实是对对手进行操控的好机会。

为FBI进行犯罪心理研究的专家丹尼尔·戈尔(也是美国哈佛大学心理学教授)认为，当人处于心理空白、心理失控的时候，会极度需要某种信念和观点来填补内心的空白，这时候，如果给他灌输一定的思想，就很容易把握住对方的思想，转变对方最初的想法，使对方变得驯服，这样一来，就能够达到劝服对方的目的，并且顺利操控对方的思想和行为，按照自己既定的方向前进。

根据这种心理学原理，FBI调查人员们在遇到难以攻克、顽固不化，但是又自尊心很强的犯罪嫌疑人时，往往就会先调查其喜好，然后在谈话陷入僵局的时候找机会批评他喜欢的或者一直引以为荣的事情，令对方内心产生动摇。这在FBI培训案例当中是一项经典手法，被称为"棒球选手动摇术",最初是FBI的心理研究部门借鉴和吸收日本棒球界的一则案例形成的心理操控技术。

日本南海棒球队的总教练野村先生在年轻的时候就是一位卓有成就的棒球选手,而且对运动选手的心理有着很深入的研究,能够在比赛场上运用超高的技术再加上令人防不胜防的心理操控术使对手内心产生动摇,以至于比赛状态不稳定,频生失误而被淘汰出局。有一次,他与一位甲子园著名的全垒打高手植村健太郎对阵,自己暂时处于下风,眼看着形势逐渐对自己的队伍不利。于是,野村开始思量能够令植村内心动摇的方法。植村健太郎虽然是备受全日本尊敬的棒球高手,但是其性格却阴沉、狭隘,而且他还是个众所周知的爱吃醋的丈夫,对其夫人的管教异常严格。野村想到这一点,又看到前排看台上的植村夫人,于是决定孤注一掷地冒险一试。于是,野村装作不经意地说:"坐在你太太身边正在跟她亲密谈话的男人是谁?你的兄弟吗?之前没有见过他们一起来看球赛。"然后,野村连续投出三个坏球,投出之后,还不断加重怀疑的口气。植村听他这么说之后,不由得回头看了一眼看台,然后不悦地继续比赛,不过已经心生动摇。这时候,野村又全力投出三个好球,然后假装很无奈地说道:"植村太太一直很漂亮啊,不过,你对她的服务不够周到吧!"此时,植村的忌妒心理完全发作,已经到了心理崩溃的状态,根本无心恋战,终于被野村顺利地淘汰出局。野村也正是靠着这次打败植村而一战成名,摇身变为日本最有价值的棒球球员。

对此,为FBI提供心理研究服务的专家们针对这一案例展开了讨论,然后得出了基本一致的结论:不管是为了获胜还是想要获得自己需要的信息,首先诱惑对方,使对方内心动摇是非常重要的心理战术。例如,可以非常刻意地批评对方说:"你怎么这么笨,打了几年球了,还像刚加入队伍的新手一样!"这种说话方式可能会产生两种效果：其一是对方内心动摇，一蹶不振，认为自己真的不行；而另外一种可能就是对方的自尊心理发作，从此努力练习，技术水平越来越高。所以，在运用这种批评方式的时候要特别注意，要根据对方的心理特点来恰当地运用，以达到自己想要的操控效果。

如果面对的是极要面子的对手，直接的批评和贬低很有可能会造成对方的逆反心理，最后的结果与自己最初的设想相去甚远，这时就可以利用迂回、比较委婉的方式作出评论，或者是装作漫不经心地谈及对方周围的人或事。这种话虽然看似与原本要进行的事情没有直接的关系，对手也不能立刻回击或者发脾气，但是在心理上已经造成了复杂的震动，自然情绪低落，精神难以集中，这时候就很容易被对手操控并按照对手的意愿行事了。

还有一种贬低对方的方式，也是FBI调查人员在审理案件的过程中经常运用的手法，那就是反复攻击犯罪嫌疑人毫不设防的小问题，令他失去冷静而产生动摇。这种方式比直接批评更加容易操控，而且通常都会收到不错的效果。这种方法是对心理学上"部分刺激"效应的反用典型。

比如，在男性与女性的交往过程中，男性经常会对女性说一些很动听的赞美的话，比如"你的脸蛋真漂亮"、"你的眼睛真迷人"或者"你的嘴唇真性感"等等。这样对女性的某一个身体部位进行反复的强调，并且不断地赞美，她就会慢慢放松警戒心，与男性更加亲密和接近，这就是说服手段中的"部分刺激"效应。FBI调查人员们就是将部分刺激效应反过来，用于对付顽固的犯罪嫌疑人：反复攻击对方的某个小问题，并揪住不放，直到对方产生厌烦情绪并且内心产生动摇。这种方法虽然很简单，但是不仅是对单体犯罪成员，对审理集团犯罪也有非常突出的效果，因为运用这种手法很容易改变群体的心理倾向性。

在FBI有这样一则经典案例，调查人员抓获了一个贩毒集团，但是由于缺少物证，而且集团大毒枭的势力强大，所以也难以从贩毒集团内部找到突破口。在一次审讯当中，FBI调查人员打破惯例，改变单独问话的形式，让集团头目和他的几名得力部下还有一些普通的部下一起参与审讯。在审讯进行到一半时，调查人员突然说："我看你一直这样坐着，小腿盘在膝盖上，然后双手放在大腿上，倒是很'端庄'，我在想，你怎么坐起来跟个女人似的。"这句话令头目脸色突变，不自觉地将双腿和手挪动了位置，然后脸色阴沉地看向周围的部下们。此时部下们也都内心暗暗吃惊，听到FBI调查人员说这种话之后，开始特别留心观察自己的老大。这种诡异的气氛一直持续到审讯快结束，这时，调查人员又突然说："其实你刚才那样坐挺好的，现在反而不自然，像是硬要装成男人，我看在眼里真是难受。"在这之后，"老大似乎有同性恋倾向"的传言就在贩毒集团内部流传，集团头目的权威性大打折扣，人心开始松散，于是很快就被调查人员各个击破。

为什么贩毒集团的头目在受到这种微不足道的攻击时就会立刻改变自己的坐姿？为什么调查人员的话会在头目和他的部下们之间引起如此大的反应？实际上，在审讯时，贩毒集团的所有人都严阵以待地等待各种严厉的追问，但是被说到坐姿像女人这出乎所有人的意料之外的话，尤其话语的矛头直指"老大"时，虽然只是细小的个人习惯问题，但是在老大身上却被无限放大，影响到了他本身的威信和声望，使贩毒集团成员内心产生了动摇和不知所措。

但是运用这种贬低方式的时候要注意一点，当对手面对攻击也毫不在意或者不屈服的话，就不要在小问题上争论不休，而是应该置之不理或者以幽默的方式改换话题，应付过去才是上策。这个道理非常简单，人们可能会注意到，大多数的政治家在进行讨论的时候都会避免细节上的问题，因为在心理操控方面，他们都是专家。小问题和细节有时候能决定你的成败，所以一旦对细节的攻击不起作用，就要立刻放弃，把对方的注意力转移到其他方向上。

5

FBI的车轮心理战术——
软磨硬泡，连续攻击

很多犯罪嫌疑人都具有高超的心理素质和坚实的心理护盾，面对这类人的时候，FBI的调查人员与之对抗的就是决心和耐心。心理学家们经过研究发现，不管是心理素质如何强的人，对不断重复提出的问题或者是连续同样的回答都会自然而然地产生厌烦情绪，随之就会心慌意乱和烦躁，并且内心开始动摇。因此，此时利用软磨硬泡连续进攻，可以比较容易地操控对方心理，使对方按照自己的意愿行动。

(1) 重复强调、坚定拒绝

FBI在审理案件的过程中，发现了这样一种心理现象，给对方的刺激越强，时间越长，越能够引起对方心理上极度的不耐烦和反抗情绪，这种现象被称为心理上的"超限效应"。尤其是当犯罪嫌疑人在受审讯时，面对对方的压力和逼问，这种极度不耐烦的情绪会被无限放大，当这种心理达到极限时，嫌疑人就会难以抗拒调查人员的审讯。比如在FBI，曾经利用过这样的询问模式审讯一个杀人案件的犯罪嫌疑人。

调查人员问犯罪嫌疑人："你叫什么名字？"

嫌疑人回答:"你们找错人了,我什么都不知道。"

调查人员问:"你使用的是左轮手枪吗?"

嫌疑人回答:"我说过了,你们找错人了,我真的什么都不知道。"

调查人员接着问:"你叫什么名字?"

嫌疑人回答:"……"

嫌疑人没有回答问题,调查人员也并不追究,接着问:"你使用的是左轮手枪吗?"

嫌疑人说:"没有,没有,我说了我不知道。"

调查人员又问:"你叫什么名字?"

嫌疑人:"……"

调查人员:"你使用的是左轮手枪吗?"

……

如此循环往复了三个多小时之后,犯罪嫌疑人心理达到极限,终于崩溃,承认了自己使用的杀人工具是左轮手枪,然后供出了其隐藏犯罪证据的地点。

这则案例在FBI的调查工作中就属于极限心理操控的典型例子,即利用对方心理上的"超限效应"使对方失去对抗的耐心和韧性,最终使对方放弃了顽强抵抗的心理,承认自己的罪行。

这种"超限效应"运用到案件的审理过程中,看似有些残酷和不近人情,却十分有效。而且当这种方法运用到现实生活的人际交往中,还能够很好地拒绝他人不合理的要求。

在现实生活中,我们可能常常会遇到一些不达目的誓不罢休的人,这个时候,大多数人往往都很难拒绝对方的要求,只得无奈地答应。这个时候,如果你没有其他更好的办法来拒绝,或者你所列出的所有借口都完全不起作用的时候,你就可以利用这样一个简单的方法：不断对其重复同一个理由。这样一来，反而会更加容易拒绝对方的不合理要求。

实际上，这就是利用了心理学上的"超限效应"。人们在每天的生活和工作中要接受大量的信息和刺激，但是这种接受能力有一个有限的容量，当接收到的信息超过自己的容量的时候，人们就会从心理上产生反感和强烈的不耐烦。进而完全按照与指令相反的方式去做事。也就是说，当我们想要拒绝别人的无理请求时，就可以巧妙地运用这种心理学效应的方法让对方知难而退。

这种不断重复的方法非常简单，你不需要给对方过多的解释，也不需要提高音量，只需要语气坚定地重复同一个理由就可以了。利用这种方式的基础就是要让对方感觉你立场坚定，理由只有一个，但是却真实、充分、有力，然后等对方接收到你这样的信息时，心理上的"超限效应"机制开始启动，就会收回请求，自动离去。这种拒绝的方式虽然温和，但是足够坚定、强势、立场明确，能够有效地维护好自己的尊严和利益。

胡尔德和迈凯伦是大学时候的室友，经常一起外出吃喝游玩。但是在毕业之后两个人分别进入了不同的软件开发公司工作，两个人之间的往来次数明显减少。一天，胡尔德突然邀请迈凯伦吃饭，酒过三巡之后，胡尔德对迈凯伦讲出了自己的真实目的：原来胡尔德在工作上遇到了瓶颈，所以想借迈凯伦公司的一些机密数据和软件程序作为参考资料，以求帮助自己度过这段事业上的低潮期。

迈凯伦听了之后自然不会同意这种请求，于是明确拒绝，并开始讲述自己的理由。

"公司的机密文件只有少部分人才能够看到，我是接触不到的，所以不能帮你带出来。"

"我虽然参与过资料的讨论，但是没有直接参与开发，我手里也没有资料。"

"我们公司管理很严格，如果这种盗窃数据的事情被发现，我的工作就不保了。"

……

于是，这次聚会两个人不欢而散。

虽然迈凯伦罗列出了各种理由，但是胡尔德仍然不肯罢休，不久之后又再一次请迈凯伦吃饭，又一次提出了那个过分的要求。

这次迈凯伦没有再给胡尔德罗列理由了，他对胡尔德说："我上次已经说过了，机密文件我是接触不到的。"

胡尔德仍不肯罢休，说："你可以想想办法，你在公司工作，总认识一些能接触到机密文件的人。"

迈凯伦说："那些都是管理层的人员，我不可能跟他们要文件和数据，所以我真的接触不到。"

胡尔德恳求道："帮忙想想办法。"

迈凯伦："想不出来，公司管理严格，戒备森严，我接触不到保密文件，肯定没有机会接触。"

胡尔德："……"

迈凯伦："那些都是公司机密，所以我真的接触不到，完全接触不到。"

……

于是，迈凯伦就将这一个理由坚持到底，胡尔德找不到转机的切入点，并见迈凯伦如此坚定，只得放弃，再也没有对迈凯伦提出过分的要求。

从上面的例子中可以看出，当你想要拒绝某件事情的时候，将理由条条罗列、多多益善并不一定是能够让对方放弃的好方法。比起绞尽脑汁地搜刮许多理由，反复强调同一条理由反而更容易让对方放弃原本的坚持。

(2)坚守观点,不要圆滑世故"两头堵"

FBI调查人员在长期审理案件的过程中,总结出了这样一条经验:当给予对方意见或者建议的时候,应该态度直接和立场坚定,而不是"两头堵"。很多人都认为,给予别人选择的范围,就可以更加圆滑地处理事务而不用得罪他人,但是实际上意见过多并不表示你的思维有多活跃,而是会让他人觉得你过于圆滑世故,进而对你多加戒备,而且,有时候你的摇摆不定会使征询意见者更加不知所措。针对这种现象,英国心理学家P．萨盖做过这样一个实验:一个人如果只带了一只手表,那么当他看表的时候就会知道现在是几点钟;但是如果他带了两只手表,那么他往往不能够确定现在几点了。因为两只手表的时间总是会出现误差,他无法确定哪一只表的时间更加准确,因而不能够知道确切的时间,这就是典型的"手表效应"。根据这一原理,在给予他人意见和建议的时候,如果朝三暮四,或者给出过多选项,就很容易造成这种"手表效应",在给他人增加麻烦的同时,也会给他人留下圆滑世故的不良印象。

所以,FBI调查人员提醒人们,在日常的人际交往过程中,应当坚持自己的观点和原则,不能"两头堵"甚至是"多头堵"。经常变换观点和准则的人,往往不能给他人安全感,而在人们的实际交往过程中,安全感是他人对自己进行评价和判断的基本依据,在判定了这一点之后,对方才会决定是否要与你结交并且频繁往来。如果你不能够给别人明确的判断,或者总是像"墙头草"一样摇摆不定,没有固定的原则来约束自己的行为和思想,那么你就难以获得别人的认可和信任。

在人际交往的过程中,意见的交流是非常重要的一个环节,但是人们想要的并不是单纯地接收更多的信息,而是用某种方式来证明接收到的信息的正确性。信息再多，如果都是参考性或者服务性的信息，这样反而有可能会影响到人们的判断，在作决定的时候出现左右为难的情况。所以，当你身边的朋友向你征求意见的时候，你如果只是一味地给他提供这种信息，到最后也不能给朋友一个准确、清晰的意见和具有价值的判断，这样反而会使朋友更加犹豫不决，并且感觉你缺乏主见和果断性。其实你应该做的是帮助朋友分析问题，然后提出具有建设性的意见或者是直接给出最后的判断。因为朋友向你咨询，正是因为他本身拿不定主意，这个时候他所需要的是你的明确态度，这能够帮他坚定自己的选择，不至于一直处于进退维谷的状况中。

生活中有很多人常常抱怨，他们对朋友非常热心，会主动提供许多帮助，但是朋友反而不会感激他们，这到底是为什么呢？其中的原因可能非常简单，就是因为你给出了太多的建议，但是却不能给他一个明确的答案。比如，你的朋友想要换一份工作，他就会问你："你说我是跳槽好呢还是不跳槽好呢？"这时候你可能对他说："依照你的能力还有你们公司的发展前景来看，你应该要跳槽的。但是你跳槽的话要跳到哪里？如果辞职之后，不能很快找到工作那又要怎么办？"而这些话，在朋友的心中已经不知道想过多少遍了，已经不需要你再重复对他说一遍，他真正需要的是你给他一个明确的选项，好让他能够下定决心。而你再重复地对他进行说教，这样更加让朋友感到心烦，对自己的想法变得更加摇摆不定，感觉不到你作为朋友的信任和支持，甚至导致双方之间出现逐渐疏远的状况。

由此可以看出"手表效应"的广泛性和准确性：两只手表并不能给出更加准确的时间，反而会让你失去对时间准确的判断力。其实在这种时刻，你只要果断地放弃其中一只手表，而选择另外一只，然后用它的时间标准来调节自己的生活，就能够回到正常的轨道上。尼采曾经说过这样一句话:"兄弟,如果你是幸运的,那么你只需要那个道德而不要贪多,这样你过桥的时候就会更加容易一些。"

所以,在日常的人际交往当中,提出意见的时候应该表明一种清晰的态度,让他人感受到你的坚定,这样一来就很容易使他人被你的坚定感染和打动,进而接受你的意见,如此一来就可以避免"手表效应"可能带来的负面影响。放弃"两头堵"的圆滑世故,在与人相处时改用更加坚定的方式来约束自己的行为,这样才能够增强自身的魅力和影响力,使身边的朋友更加信任自己,并获得更多的尊重和赞扬。

(3)对过分行为绝不姑息

《FBI教你破解身体语言》的作者纳瓦罗认为,人们在社会生活中的人际交往圈子是越来越大的,而圈子变大,交往的人多了,就会遇到各种各样的人。职场上爱打小报告的同事、生活中蛮横不讲理的陌生人等等……有些时候,你选择妥协和让步,或许会使事情暂时得以解决,但是更多时候,其实这种妥协更像是一种纵容,会使对方的气焰更加嚣张,如果你总是想着"息事宁人",那么你可能会变成生活和工作上的"软柿子",容易受到别人的打压和欺负。所以在这种时候,解决矛盾最好的方式应该就是——坚决回击,绝不姑息。

在人们的日常生活中,尤其是职场上,很有可能需要面对各种状况,比如同事或者上司的辱骂、身体上的故意侵犯、频繁的骚扰等。当面对这种过分行为的时候,许多人为了保住工作或者不破坏同事关系而一味地忍让,然而却助长了对方的嚣张气焰。在2004年的《哈佛商业评论》当中,斯坦福大学教授罗伯特·萨顿提出了一个特别的观点,那就是:"干掉他们!那些职场上的浑蛋。"这成了现代职场上具有突破性的观点。

曾经有一个网站作过关于"职场上,如果你遇到了小人你会怎么办"的调查,根据调查的结果显示,有24.78%的人选择了"默默忍受"，而有23.78%的人则选择了"直接向老板澄清事实"，两项的得票率竟然如此接近，这也能够充分说明这两种方式已经成了现在职场上人们应对小人问题的主要解决方式。另外，有14.06%的人认为，应该对这种小人的行为进行反击，绝对不能姑息和容忍这种有损自身利益和声誉的事情发生；也有13.66%的人认为，凭借自己的力量对付小人可能不是很稳妥，应该集合其他人，发挥群体的力量来对付小人，这样才能彻底杜绝小人的阴险行为，创造出一个单纯、良性的竞争氛围和工作环境；有12.14%的人秉承中庸之道，认为小人总是躲在暗处，不容易被别人抓住把柄，惹不起就躲，不必与小人斤斤计较；另外也有0.92%的人表示，迫于环境压力，自己有可能沦落进小人的行列。从以上的调查可以看出，罗伯特·萨顿所提出的"干掉职场浑蛋"的新一代工作原则已经被越来越多的人所认可和接受，并准备随时付诸行动。

其实这个原则并不仅仅适用于职场上，在日常生活中也同样可以运用。全美航空公司的一位副总裁曾经看到一位乘客无故辱骂其员工，而且还带有身体上的威胁和碰撞，于是他上前对顾客说，你可以去乘坐其他航空公司的飞机，这样所有人都开心。然后，这位副总裁就将这个乘客带到了另外一家航空公司，然后为他购买了一张等额的飞机票。这就是一种坚决回击的方式，不仅保护了自己的员工，也打击了无理乘客的嚣张气焰。

人是群居动物，在社会上生活离不开与他人的相处，而人又有各种各样的性格，所以就应该作好与"犯浑"之人打交道的准备。有时候，强势地维护自身的利益不但是一种有效的自我保护的行为，为自己赢得他人的尊重，更能够打击不良的风气，有助于形成和谐的环境和氛围。

关于人们在面对过分行径时候的行为，**FBI解释说**，人们在进行某种选择性行为的时候，通常会受到趋利避害的心理的影响，这并不代表所有人都是吃软怕硬的懦夫，但是每个人在潜意识当中都会形成这种类似的动机和思想意识。因此，面对他人的过分行为，你的退让可能不会使他人有所顾忌，反而会增加他人继续作恶的行径，使他们的气焰更加嚣张。所以，在面对对方过分的行为或挑衅时进行坚决的反击，绝不退让，才能让那些习惯了欺压他人和行为不端的人有所顾忌。

6 优化你的谈话技巧，改变对方的心理认知

FBI的调查人员认为，要用言语操控对方的心理，改变对方的态度，那么对谈话技巧的运用就显得十分重要。让对方转变态度，就是要在你的话语之下，按照你的认知对原本的话题进行重新的考量，然后让对方感觉到自己认知方面的欠缺和失误，从而改变态度，重新对事物作出认识。FBI的调查人员在审理案件的过程中，就总结出了以下几种谈话时常用到的技巧，供人们在日常生活交往中使用：

（1）直接表示质疑

直接表示质疑的方式就是指以开门见山、直截了当的方式去发问，提出对方观点和认知上的不足。这种方式的意义并不在于要否定对方、贬低对方或者是教训对方，使对方屈从于自己的意志，而是要通过提出疑问来激发对方、激励对方，让对方能够发现自己的缺陷，辩证地重新面对问题，然后思考自己的不足，考虑你所提出的问题的解决方案。如此一来，就很容易让对方按照你的意志活动。

比如，一对恋人在感情上出现了问题，女方提出了分手，但是男方却因为这一要求而暴跳如雷。这时候想要平息他的愤怒并转变他的

态度，你可以问他："你是真的还爱她吗？"如果得到了肯定的回答，你可以接着发问："但是恋爱是相互的，你爱她，你也没有权利要求她继续爱你啊。她继续跟你在一起可能只会痛苦，这种要求太过自私，你又怎么敢说自己是爱她的呢？"在听到这种质问的时候，只要是理性的人都会慢慢冷静下来，重新思考，进而改变自己执拗的态度。

(2)夸大认知的技巧

这种技巧就是将对方的认知结构以更加夸张的方式给他看，让他从中认识到自己原本认知的不合理性。

比如，有一个同事总是不愿意参加集体活动，她说："别人总是在看我，这让我很不自在。"你可能感觉到她的不可理喻，想要说服她参加活动，于是你就可以用夸大认知的方式来问她："哦，这么说，别人都无所事事，然后整天围着你看喽？要不你干脆在身上贴张纸条，上面写'都别看我'。"她说："那不就显得太明显了吗？人家更要来看我了。"这时候你就应该进一步问："那原来呢？不贴之前他们就都不看你了？"同事这时候就会仔细思考你的说法，重新对自己的心理状态作出调整，如果不能越过这层心理障碍，她可能会考虑看心理医生，如果能够认识到其中的错误并主动改正，那么她会认识到一直折磨她的认知只不过是她自己的臆想，从而不再害怕出现在人多的场合当中。

(3)请别人澄清的技巧

FBI提醒人们，在人际交往过程中，偏见是在所难免的事情。当别人对你存在偏见，对你态度不够友好时，你需要做的就是把他们对你的认识进行"拨乱反正"，将事情的真相呈献给他们。

比如说，因为工作上的问题，你与同事之间发生了口角，因此对方总是觉得你在其他的同事之间败坏他的名声。遇到这种情况，就需要有人帮你澄清这一事实，可以请在场的同事证明，向他澄清事情的真相，解开对方的心结。如此一来，对方就不会总是对你疑神疑鬼、针锋相对。

事实上，在不同的情况下，谈话技巧可以有不同的表现效果，就改变他人态度这方面来说，在下列情况中可能更能发挥出较好的效果：当你使用一种积极向上、友善机智的语调来表达自己思想的时候；跟你谈话的对象时刻注意调整说话的速度和内容的时候；使用恐惧、挫折、失败等事实和观点来支撑你的观点，使对方的倾向性心理出现偏差的时候；从侧面入手，循序渐进地改变对方认知的时候。在这些情况之下，巧妙运用谈话的技巧能够更加容易改变对方的观点。

总而言之，当你想要改变对方的态度和认知的时候，就应该尝试在谈话和劝服的过程中使用一些能够影响他人心理和情绪的技巧，如此一来就能够让对方更容易按照你的思路进行思考，最后下定决心、改变认知或者按照你提出的建议行事。除此之外，在对方改变了认知和行为之后，还应该要注意不断强化对方的这种新的心理认识，从而彻底改变对方原本的想法。

Part 04

捕捉眼球转动的信息——
FBI的眼神操控心理策略

哈佛大学社会心理学教授米尔格兰姆经过研究表明，人类是一种视觉动物，而人的眼睛就是对其内心状态的真实反映。美国CNN某档电视栏目曾经做过如下游戏：把参与者的眼睛蒙起来，同时用夹子夹住参与者的鼻子，然后让参与者品尝各种各样的水果。出乎意料的是，这些参与者并不能够准确判断自己所吃的水果究竟是哪一种。这意味着，即使在品尝食物的时候，人们的眼睛也起着不可忽视的作用。由此可见，眼睛还是重要的身体语言之一，而人的视觉更是与自己的心理息息相通，因此，心理学家们将眼睛称为"五官之王"。同时，人们也可以根据眼神的变化来破解人的身体语言，而FBI更是凭借着嫌疑人眼睛里流露出的情绪准确地洞察嫌疑人的内心，进而操控嫌疑人。因此，如果你希望自己能成为像FBI一样的心理操控者，就必须了解人的眼睛与其心理状态的密切联系。

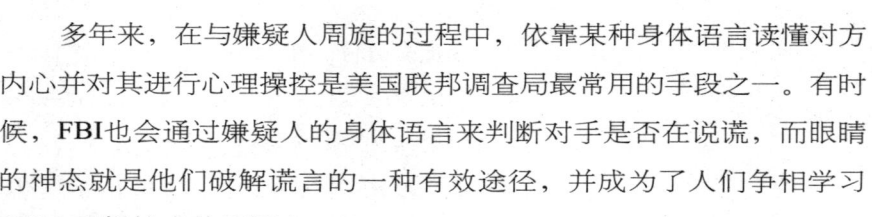

最容易出卖说谎者的是他的眼神

多年来,在与嫌疑人周旋的过程中,依靠某种身体语言读懂对方内心并对其进行心理操控是美国联邦调查局最常用的手段之一。有时候,FBI也会通过嫌疑人的身体语言来判断对手是否在说谎,而眼睛的神态就是他们破解谎言的一种有效途径,并成为了人们争相学习FBI心理操控术的原因之一。

在人们的普遍思维中,将话说得滴水不漏虽然不易,但是破解谎言更难,特别是一些同样对心理操控术也感兴趣的撒谎者,当他们懂得了一些识别谎言的信号转换后,会更加有意识地隐藏自己的谎言,甚至会反其道而行之,这无疑给破解谎言的人增加了更多的困难。美国FBI在多年的破解对手内心语言的过程中,形成了一套独特的方法,从对方的各个方面进行综合分析对方是否在说谎,而在各种说谎的信号中,对方的眼睛无疑是破解其谎言的最重要的线索。

从对方的眼睛中识别谎言,不仅仅是FBI的一套百试不爽的方法,一些心理学家对此也很有研究。但是他们都认为,快速眨眼是撒谎的一个重要信号。心理学家们经过多年的分析研究,发现了这样的现象——当人们紧张或思维高速运转的时候，眨眼的频率就会迅速增加，但是事实也并非完全如此。例如当人们由于生活和工作的劳累而背负沉重的压力的时候，其眨眼的频率也会有所增加。心理学家们认为，如果人们因为生活和工作的节奏加快而背负压力，其眨眼的频率会比平时增加四至五倍。

除了快速眨眼之外，眼神游离不定也是人们撒谎的一个重要信号。为了探求眼神的游离不定与谎言之间的关系，心理学家们进行了一系列的实验以求得真相。在实验中，心理学家们将参加实验的人分成两部分，然后让其中一部分人对另一部分人说谎，而心理学家们则将整个过程记录下来用以作细致的分析。接着，心理学家们举办了一次交流会。在交流会上，心理学家们让与会者观看整段录像，然后让大家指明谁是说谎者，结果竟然出乎心理学家们的意料——在所有的说谎者中，30%的人的眼神一直在游离不定，结果在这30%的人中，80%的人的谎言被识破；与以上的说谎者相比，剩余的70%的说谎者则目光坚定，他们目不转睛地盯着被骗者，结果在这些人中，只有25%的说谎者被识破。这就意味着，如果一些人在同你交谈的时候眼神飘忽不定，你就要加倍小心，因为这也许就是对方对你说谎的信号。此外，心理学家们还发现一个现象，男性识破谎言的成功率要远远低于女性，这是因为女性更善于从其他方面寻找破解谎言的细微线索。

与心理学家一样，FBI也在与嫌疑人的交锋中不断寻找识破谎言的方法，而眼神就是FBI识别谎言的一个重要线索。细心的FBI发现，从某种程度来讲，眼神的方向也能够暗示所说内容的真假。例如，当交谈中人们的眼神向左上方看去，则意味着他们在思考一些想象中的事物，例如会飞的人、紫色的天空或者蓝色的大象等等。因此，当嫌疑人在审讯中向警察描绘捏造的事实的时候，嫌疑人的眼神也会向左上方看去，此时警察就要提高警惕，否则很容易陷进狡猾的犯罪分子设下的圈套。此外，当嫌疑人的眼神向左上方看去的时候，警察还会得到这样的信息——他们在凭空想象某种听觉，这从另一个角度讲也是谎言的暗示。例如，当警察问道"你当时可曾听到什么声音"的时候，如果被询问者向左上方看，这意味着他们当时很有可能并未听到相关的声音，此时的对方只不过在凭空想象。相反，当人们的眼神向右上方看的时候，则表明人们在回忆某种画面或某种听觉感受；而当人们在回忆某种味觉的时候，人们的眼神则会自然地向左下方看，而人们自言自语时的眼神则多半会向右下方看。

无论是FBI精英和一些有很深造诣的心理学家，还是一些希望学习读心术和心理操控术的普通人，我们都必须承认，若想破解谎言进而达到操控对方心理的目的，我们必须学会识别谎言，而做到这一切的前提就是把谎言当做人类生活中一个十分重要的组成部分来对待，毫无疑问，这将对人们的自我保护起到很大的帮助，同时也有益于FBI精英们推进案件侦破的进程。

实际上，谎言原本就是人们生活中一个常见的现象。相关研究表明，在约十分钟的日常交谈中，每个人平均会说三个谎言，暴露谎言的面部表情约有25万种，而眼神只是身体语言中很小的一部分。除了眨眼、眼神游离之外，蹙眉、摇头、摆手等都是谎言的暗示。但是令人遗憾的是，人们往往忽略了这些身体语言的存在，而这也是导致很多人在试图操控他人心理的时候失败的重要因素。

若想成功操控他人的内心世界，我们必须清楚，正是这些微妙的、不被人们注意的身体语言往往会成为决定我们操控他人还是被他人操控的重要因素。

其实，在操控他人内心的时候，语言往往是次要的，而身体语言才是主要的因素。例如，当警察们问嫌疑人："案发当时，你在做什么？"如果对方说："我什么都没做。当时我身体不舒服，在发烧，因此我在家中休息。"此时，警察们会细心地观察对方在整个过程中的眼神变化，如果对方的眼神看向左边，那么他极有可能在说谎，因为向左看的眼神意味着说话人正在大脑中想象出某种声音或图像。美国时任总统比尔·克林顿在针对莱温斯基性丑闻一事向陪审团陈述证词的现象就是一个通过眼神识别谎言的案例。

当与莱温斯基的性丑闻发生后，克林顿的生活发生了很大的变化。为了保护自己的声誉，克林顿必须反驳，而美国的一些精神学者则深入研究了克林顿向陪审团陈述证词的过程。学者们发现，克林顿在说实话的时候眼睛变得明亮有神，睁得大大的，此时他也很少触摸自己的鼻子，但是一旦克林顿在说谎，他的眼睛就会变得暗淡无光，眼眸内缩，眼部肌肉微微缩起，眉头在说话之前也会不经意地微微一皱，这十分不容易被人发现。

国际著名的人际关系专家和身体语言专家亚伦·皮斯在一本名为《身体语言密码》的书中，这样描述人们的眼睛在说谎时的形态："我们知道，如果孩子们不希望看见某样东西，他们会把自己的眼睛用手遮挡住，而这是孩子们大脑的正常反映——大脑通过触摸眼睛或遮挡眼睛的方式试图阻止眼睛看到一些欺骗、怀疑等令人不愉快的现象，也许人们做出这个动作的目的是避免与正在被欺骗的人见面。正是因为遮挡或触摸眼睛是谎言的标志符号之一，我们才会在许多电影中看到这样的桥段——如果剧中人用手触碰自己的眼睛，则意味着这个人是一个伪善的人。"而通过眼神识别谎言的方法也是FBI在与嫌疑人周旋的时候最常使用的方法之一。

成功破获"米纳瓦信用卡盗窃案"也是美国FBI破案史上一件不可抹去的战绩。米纳瓦信用卡盗窃案在爆发之后，迅速成了一件轰动全美的案件。在这起案件的法庭辩论会上，一位名叫珀泽拉的人以第一证人的身份出庭，他出庭的目的就是证明米纳瓦是盗窃信用卡的人，然而他在不经意间的一个眼神却暴露了他的秘密。在法庭上，珀泽拉很少眨眼，但是当一个人向他提出了一个关乎他名誉的问题的时候，他的眼睛突然眨了一下，于是，人们顷刻间便不再相信他。

  FBI之所以能够成功侦破"米纳瓦信用卡盗窃案"，正是因为他们懂得在与嫌疑人周旋的过程中细心观察对方的眼神变化。其实，任何人都会在人际交往中遇到谎言，此时细微的眼神变化就是人们识别谎言的重要线索。因此，如果人们希望在社交场合中游刃有余，就不能忽视对对方眼神的细微观察。如果人们忽视了对对方眼神的细微观察，则很有可能陷入对方谎言的圈套中，而这很可能导致人们不仅达不到操控他人内心的目的，反而还会被其他人牢牢控制住。

2 读懂眼眉背后的心理

人类的面部表情复杂多变,因此即使是一些细微的差别也会使人的思想发生变化,有时候面部表情的细微变化还会传达相反的含意,因此FBI一直以来都在与嫌疑人的交锋中仔细观察对方的面部表情,而眼眉的变化就是FBI侦破案件的重要线索。

其实,通过眼眉的变化来观察内心的方法古来有之,例如古罗马人。

在古罗马人的生活及思想观念中,眼眉抬起、眼睛微闭的动作表明桀骜不驯;而眼眉抬起、眼睛静止却表示屈从。实际上,这两种眼眉动作的差别并不大,但是它们却表达出了两种截然相反的含意。这正是人类的身体语言在发挥它神奇的作用。可见,若想从眼睛来判断对方的内心世界,就不能够忽视眼眉的细微动作。

很多心理学家和FBI精英在长期的研究和实践过程中,发现不同位置的眼眉可以传递不同的信息了。通常来讲,较为常见的眼眉姿势主要有四种,这就是眼眉和眼睛都静止,这个神态意味着心平气和;眼眉静止、眼睛睁大则意味着愤怒并且带有震慑意味;眼眉抬高、眼睛静止则意味着服从;而眼眉抬高、眼睛睁大通常则是人们在受到惊吓后的反映。

  由此可见，不经意间的眼眉动作也会向他人传达不同的信息，正因如此，嫌疑人的眼眉动作才会给FBI带来很多侦破案件的重要线索或信息，同样的道理，男性和女性也十分注重对自己眉毛的修饰以便让自己的眼睛看起来更具魅力。例如很多女性都喜欢拔掉眉毛然后重新用眉笔画上高挑的眉毛，这种方式可以让女性更具吸引力；而男性则通常将自己的眉毛装饰得较低、使眉眼之间的距离更窄。在社交场合中，这种男性更容易给人们留下威严的感觉，肯尼迪就是这样的例子。肯尼迪的眉毛平缓，这让他人深深感觉到肯尼迪的威严，更为肯尼迪在大众心中树立了一种忧国忧民的形象。

  此外，在培养新人的时候，FBI也会用一些著名演员的案例告诉新人眼眉的重要性。很多明星在自己的作品中都凭借着独具魅力的眼眉的神态赢得了观众的喜爱，例如伍德·艾伦。在电影《安妮·霍尔》中，伍迪·艾伦的眉毛跳跃自如，宛如充满活力的音符。而富于变化的眉毛果然使伍迪·艾伦在其事业上获得了应无数人艳羡的成果——在影视舞台上，伍德·艾伦可以轻松自如地控制局面，也可以淋漓尽致地表现自己的心理活动。此外，英国演员巴兹尔·拉斯伯恩的眼眉也独具个性，仿佛专门为一个傲慢的角色打造；而演员各劳乔·马克斯的眼眉的神态也灵活多变，当他说完一句话之后，他的眼眉就会飞舞不停，这让观众对各劳乔·马克斯的表演回味无穷。

  通过以上的分析，我们不难看出身体语言之一的眼眉动作在社交场合中可能带给人们的重要影响，因此，FBI不仅在侦破案件的过程中会经常细致入微地观察嫌疑人的眼眉，而且善于总结人类的眼眉的神态所传达的重要信息。在长期的研究实践中，FBI总结出，在众多的身体语言中，轻抬眉毛是最常见的一种。在人际交往中，轻抬眉毛已经被人们认为是一种远距离打招呼的方式。此时，人们通常的动作是先将眉毛迅速微微抬起，然后在最短的时间内使其恢复原位，这个动作是在向他人传达信息："我已经看到你了！"除此之外，精明的FBI还发现，这一眼眉神态是最普遍的一种，并且在世界范围内得到了最广泛的应用，因此猩猩和猴子等灵长类动物也会用这一身体语言来向同伴们传达信息。通过这一现象，精明的FBI和心理学家们推断，轻抬眉毛的动作是人类与生俱来的能力。但是，生活在不同地域的人们对这一动作也有不同的理解，例如日本人。

在日本人看来，轻抬眉毛的动作并非是向关系较为亲近的人传达信息的动作，而是一种粗鲁的动作，还有一些日本人甚至将轻抬眉毛的含意理解为性暗示。因此，FBI提醒一些渴望学习读心术和操控心理方法的人们——当你与日本朋友交往的时候，一定要慎重使用轻抬眉毛的动作，否则会引起他人对自己的误会，更可能使自己陷入不必要的麻烦中。

其实，越来越多的心理学研究表明，对看到的人轻抬眉毛实际上与条件反射十分相似，这意味着动作的发出者对其看到的人表达自己的肯定和尊重，或者表露自己的惊讶情绪。FBI和心理学家们在长期观察总结之后发现，人们并非对所有认识的人做这个动作，通常来讲，人们只有在遇到与自己关系较为亲近的人或者自己比较敬畏的人的时候才会做出这个动作。相反，如果人们遇到了自己不喜欢或轻蔑的人时，则不会对他们做出这个动作。轻抬眉毛的动作往往含有"喜欢"的含意，因此当人们遇到自己喜欢的人的时候才会轻抬自己的眉毛，如果是异性对方用同样的动作给予回应，"一见钟情"的事情很可能就此发生。

除此之外，FBI发现，抬高眉毛还会激发他人呵护的心理。首先，轻抬眉毛本身就含有恭顺的意思，其次抬高眉毛也会扩大自己的眼睛与眉毛之间的距离，这会使人们的眼睛看起来更大、更无辜，因此人们的保护心理也会被激发。由此可见，人们完全可以通过细致的眼眉动作彻底洞察对方的内心，让自己在与对方的交锋中胜出。

20世纪70年代末，FBI常设在佐治亚州罗马市的办事处的特工罗伯特·利里给FBI的著名特工约翰·道格拉斯打来了电话。在电话中，利里讲述了这样一起案件：就在一个星期之前，一位住在阿黛尔斯维尔的漂亮外向的女孩在她家的车道口处下了学校的班车，之后就神秘失踪了。这个女孩只有12岁，名叫玛丽·弗朗西斯·斯诺那。从阿黛尔斯维尔到罗马市只有半个小时的车程，而她家距离公路也不过100码的距离。利里请求道格拉斯优先处理这起案件。

后来，一对年轻的夫妇在一处栽满小树的小径发现了一具女孩的尸体，他们随即通知了警察。警察调查后发现，这个女孩就是玛丽。当时现场情况如下：玛丽的脸被一件黄色的外衣蒙住，头部附近有一块血迹斑斑的大石头，脖颈处有一处伤痕。这意味着，被大石头敲击是导致玛丽颅骨破裂的真正原因，而脖子上的伤痕则意味着有人在玛丽的背后用手将她掐死。此后，美国警察首先从被害者的交际圈入手，了解与她相关的一切情况。熟悉玛丽的人向警察描述说，玛丽是一个热情友好、喜欢交际、单纯可爱、天真无邪的孩子。用美国警察的话来讲，玛丽就是一个在"低风险的环境下的低风险受害者"。

经过不懈的努力，FBI初步描绘出了嫌疑人的基本情况：嫌疑人是一个白人男性，年龄在二十四岁到二十九岁之间，曾经服过兵役，现在是名电工，这个人已有犯罪记录并且性格自负、傲慢。后来，一个名叫达雷尔·吉恩·德维尔的白人男子进入了美国警方的视线，FBI精英们感觉到，这个人就是他们寻找已久的、杀死玛丽的凶手。在审讯达雷尔的时候，美国警察问道："在玛丽被害的时候，你在干什么？"达雷尔说："在玛丽被害前两个星期，我就来到了斯托纳为供电公司修剪树枝，在玛丽被害的时候我仍然在修剪树枝。"警察对他进行了测谎检查，达雷尔顺利通过。但是这依然没有消除美国警察对达雷尔的怀疑。

FBI认为，达雷尔这类人必然有着高超的应对审讯程序的能力，因此他们决定通过其他方式逼迫达雷尔承认自己的行为。于是，FBI决定将审讯的时间改在晚上，地点就在警察局。不过，在审讯开始之前，警察们对审讯室进行了一次简单的布置，而布置审讯室的重点就是将位于凶案现场玛丽头部附近的血迹斑斑的石头放在一张矮桌上。FBI清楚，如果达雷尔就是凶手，那么他无法做到对带血的石头视而不见，而他的身体语言也会将他内心的秘密暴露无遗。

审讯达雷尔的过程果然按照FBI设想的进行。进入审讯室的达雷尔首先就看到了这块石头。此时的达雷尔冒出了虚汗，呼吸开始急促，此外他的眼眉也出现了明显的变化——眉毛上挑，眼睛睁大，这分明是达雷尔惊讶和心虚的心理的表现。在FBI看来，这一系列眼眉动作正是最好的证明，达雷尔一定是杀害玛丽的凶手，他再也不能寻找任何托词了。

在侦破玛丽遇害案的时候，FBI就巧妙地利用了解读身体语言的方法。正是因为达雷尔看到带血迹的石头时眉眼之间细小的变化才使得FBI确认了自己的想法。如果将与嫌疑人交锋的过程看做是一场战争，那么达雷尔眼眉的变化无疑是这场战争的转折点。达雷尔的眼眉的细小的变化正是他内心的真实表现，看到这一情景的FBI们知道，达雷尔编造出再完美的谎言，也无法隐藏眼眉中流露出的真实情绪。很多希望学习攻心术的人从这个案件中就能得知，一个人的眼眉可以准确地表述其内心的想法。因此，如果你试图知道对方是否在说谎，那么关注对方眼眉的变化就是行之有效的方法之一。

无论是心理学家的研究成果还是在FBI多年与嫌疑人交锋的经验中，都准确无误地向人们表明了这样的道理——眼眉的不同变化可以传递出不同的信息、表达人的不同的心理。因此，如果人们懂得通过眼眉洞察他人内心的变化，无疑可以在社交场合中自如地操控他人的心理。

3 观察瞳孔的大小 挖掘目光后的真相

多年来与犯罪嫌疑人交锋的经验让精明的FBI清楚，无论是在正常的社交场合中还是在与罪犯交锋的过程中，都应该在谈话的时候注意观察对方的眼睛，因为这不仅是礼貌的表现，还可以向对方传达这样的信息——我正在认真听你讲话。从更重要的是，你可以从对方的眼神变化中判断对方是否在说谎。然而，很多心理学家的研究成果和FBI侦破案件的经历中发现，当人们在说谎的时候，眼神会有一定的反应，例如快速眨眼、躲避他人的目光或将脸转向一旁等，但是在很多情况下，人们在说谎的时候依然能够保持坚定的目光。

为了验证人们是否会在说谎的时候保持坚定的目光，研究人员做了一个实验，让一组参加实验的人对另一组人说谎。结果出乎研究人员的意料——超过一半的人在说谎的时候能够用坚定的目光注视着对方，因为这些人知道游离不定的眼神会让对方察觉说谎的秘密，所以他们决定"反其道而行之"；只有不到一半的人在说谎的时候眼神游离不定，而对方很容易就发现这些人在说谎。在这些超过半数的成功的说谎者中，约有85%是女性，剩余的15%是男性。这意味着，与男性相比，女性更容易控制自己的眼神，因此他人很难发现女性的谎言秘密。

通过前几个小节的分析，我们清楚，在通常情况下，当一个人在说谎的时候，他的眼神通常会向一边看去，这个动作则意味着他在说谎。但是，在了解了眼睛的转动方向的秘密后，一些精明的说谎者通常会以坚定的眼神看着对方。因此FBI建议想要操控他人心理的人们，在与人交谈的时候不应该将识破谎言的希望单纯地寄托于观察对方眼神的变化，还需要仔细观察对方瞳孔的细微变化。

通常来讲，当人们的眼睛受到光线影响的时候，瞳孔会发生变化，而心理学家经过研究表明，当人们的心理发生变化的时候，瞳孔也会发生变化。

在西方，一直以来都流传着一个关于"赌徒诈骗庄家"的故事。一些聪明的赌徒在下注的时候往往不会将自己的赌资全部下注，而是先下一些小额的赌注。然后，这些赌徒会做出有异于常人的事情，那就是赌徒不会关注赌场的变幻莫测，而是暗中观察庄家的动作。如果庄家的瞳孔骤然扩大，这意味着赌徒碰上了好运气，他的赌注很可能压中了。此时，赌徒就会增加筹码以使自己获得更多的利润。

这个故事告诉人们，人们的心理活动的确与瞳孔的变化相关，而聪明的FBI早已发现了人的情绪变化与瞳孔变化之间的内在联系。科学研究表明，当人们产生了积极情绪的时候，瞳孔就会向外扩张；而一旦人们产生了倦怠、烦恼或厌恶等紧张的情绪，瞳孔就会缩小。相关研究数据表明，当人们处在积极的情绪中时，瞳孔会比平常扩大四倍；而假如人们处于消极的情绪中，瞳孔则会出现一定的收缩。这是因为当一个人看到自己反感的人或事的时候，内心就会产生厌恶的情绪，人的瞳孔则会在此时立即收缩。收缩的瞳孔带给人们的好处之一就是可以使人们更精确地将面前的一切事物聚焦于自己的眼底，这会使得人们更清楚地看清眼前的一切，从而更有效地保护自己，心理学家们将这种现象称之为"消极的瞳孔反映"。因此，当人们悲伤难抑的时候会变得目光呆滞，造成这种现象的主要原因就是瞳孔的收缩变小；相反，一旦人们出现了积极的情绪，瞳孔就会扩大。

芝加哥大学心理学主任哈特·赫森发现，当人们看到美景或美食等美好的事物时，瞳孔则会扩大；而当人们看到战争、流血等痛苦或消极的事物的时候，瞳孔则会相应缩小。但是，多年的侦破案件的经历告诉FBI，并非一切瞳孔扩大的现象都意味着对方在说谎，因为人们在恐怖、愤怒、兴奋等情绪的刺激下，瞳孔会明显扩大，但是在谈话过程中，如果谈话主题并不能激起对方的强烈反响，而对方的瞳孔依然明显扩大，此时几乎可以断定，对方在说谎。因此FBI在与犯罪嫌疑人周旋的时候不仅会关注其眼神的变化，还会密切观察对方瞳孔的变化。FBI认为，当犯罪嫌疑人目光坚定地看着你陈述事情的时候，他并不一定是一个诚恳的人，此时你只有通过观察对方瞳孔的变化来判定对方是否在说谎。

由于人们在说谎的时候眼神会发生一定的变化，所以深明其中理论的人往往能够在说谎的时候依旧保持坚定的眼神，而这些人的谎言相对来讲则不易被识破。并且他们通过坚定的目光来混淆视听，使对方在不知不觉中陷入自己谎言中的陷阱。但是，经验丰富的FBI却总是能够从嫌疑人的瞳孔的细微变化中发现蛛丝马迹，然后以此为线索，将整个案件破获。

1989年，FBI抓获了一名间谍。按照卣定的程序，警察们要对这名间谍进行审讯。在审讯的过程中，这名间谍表现出出奇的配合和友好的态度，但是他始终坚持自己只是一个人行动。此时，FBI敏锐地意识到，为了忠于自己的国家和人民，他已经作好了自我牺牲的准备，因此他不肯供出自己的同伴。

间谍的这种表现让审讯过程被迫僵住，甚至让身经百战的FBI精英们束手无策。但是，由于这名间谍和他的同伴已经对美国的国家安全构成了很大的威胁，所以FBI精英们决定一定要寻找到他的同伴。就在这个时候，FBI的情报分析师马克·瑞瑟向办案人员提出建议，非语言行为可以促进案件的侦破。此时，警察们恍然大悟，他们随即决定通过间谍的非语言行为来收集更可靠的信息。

于是，警察们改变了侦破思路，他们向这位间谍展示了几十张卡片，并且在每一张卡片上都写有一个人的名字，这些人都是曾经与这名间谍一同工作过的人——原来，在这次审讯开始之前，FBI的精英们就已经进行了细致入微的侦查，警察们确定间谍的同伙很有可能隐藏在这些人当中。警察们要求间谍在看完每一张卡片之后必须讲述他所知道的关于卡片上的人的一切情况。当然，FBI的精英们关注的重点并非间谍所讲的内容，因为警察们关注的真正现象是这名间谍在看到这些卡片以及叙述过程中的身体语言反应。

很快，细心的FBI发现，当间谍在看到两个人的名字之后，他的眼睛发生了一些细微的变化——眼睛突然睁大，瞳孔随之迅速收缩，然后微微地眯眼。正是这个动作使得FBI们读懂了他内心的潜意识——这个间谍并不希望看见这两个人，而此前他所说的"他是单独行动"也是不折不扣的谎言。最终，警察们找到了这两名嫌疑犯。经过审讯，这两个人终于供认了自己的间谍活动。但是，时至今日，被审讯的间谍仍然不知道警察们是如何发现的线索，而一些懂得心理操控术的人则从未对此表示惊讶。

实际上，FBI在审讯间谍的过程中就很好地运用了"瞳孔能够体现人类的感情并且能够通过扩大或缩小瞳孔表现出来"的理论，FBI正是因为注意到了间谍的眼睛以及瞳孔的变化，捕捉到了重要的信息，进而才在闭口不言的间谍身上破解了谎言。

通过以上的案例以及分析，我们不难看出，一些善于说谎的人在说谎的时候依然可以保持坚定的眼神，这使得他的谎言更加不易被识破。从另一个角度讲，虽然目光坚定地看着对方是人们传达真诚的重要手段之一，但是我们在与他人谈话的时候不应该仅仅通过坚定的目光来表达自己的真诚，因为坚定的目光有时候是不可信的，它也有可能成为掩盖谎言的华丽外衣。因此，在我们与他人交流的过程中，我们必须目光坚定地看着对方，同时配以其他的身体语言，以便使我们的诚意看起来更加可信。例如，在倾听他人讲话的时候，可以用专注的目光看着对方，然后用点头、插入发言等方式表达肯定对方。通过这种方式来向他展示自己的友善和诚意。而在我们向他人讲述某件事或观点的时候，为了让自己所说的话更加可信，首先我们要用坚定的目光与对方交流，然后可以用具体的数据、人物或地点等作为自己的证据，以此增加自己话语的真实性。当然，更重要的是，人们要在交流过程中养成说真话的习惯，让自己成为一个让他人信任的人。

实际上，无论是FBI的多年的破案经验还是心理学家们的研究成果，都在提醒一些希望成功操控他人心理的人们——并非所有的坚定的目光都是值得信任的标志，有时候，坚定的目光也会成为谎言的伪装。此时，人们就要从其他方面来判断对方所说的话的真实性，而观察瞳孔大小的变化就是主要线索之一，它可以挖掘出隐藏在目光背后的内心真实的想法，使谎言和欺骗无所遁形。

4
眼为心声，透过眼睛洞察对方的内心

在人的身体语言中，人的脸部表情是最具代表性的，而眼睛的语言又是人脸部的主要表情之一。很多心理学专家都认为，透过眼睛可以洞察一个人的内心世界，正如人们常说的那句话："眼睛是心灵的窗户。"事实的确如此，在很多情况下，一个人的思想正是通过他的眼睛展现得淋漓尽致，也正是眼睛给FBI提供了很多破案的重要线索。因此，人们能够通过丰富的眼睛语言来洞察对方的内心世界，不仅可以对对方有一个初步的了解，还可以让自己在人际交往中处于主导地位。

通过观察一个人的眼睛来洞察其内心世界，是一条被大多数人认可并接受的真理。很多名人也对此发表了自己的看法，例如爱默生说："人的眼睛就如同人所说的话，人们无须多谈，只需通过眼睛的语言就可以了解整个世界。"泰戈尔也曾精辟地论述到："如果我们用语言来交流我们的思想，我们必须从头脑中的词汇库中搜寻一切合适的词语，但是我们往往却并不能找到合适的词语。我们与他人的交流过程必然有一个翻译的过程，而这个过程往往是不准确的，更何况人与人之间会发生很多错误，但是人们的眼睛却不需要翻译，因为人的思想本身就会通过眼睛反映。"这些对人的眼睛及其心理状态的联系的准确诠释，使得更多的人意识到眼睛在身体语言中的重要性。

很多心理学家认为，如果通过一个人的眼睛来观察人的性格的正邪，必然会获得较为正确的结果。心正，眼睛自然清澈明亮；心邪，眼睛自然昏昧。当我们与他人交往时，应该在听其说话的同时观察他的眼睛，这样人们往往会彻底看透一个人的性格。为此，人们应该通过观察他人的眼睛透视其内心，并且巧妙操控其心理，这就显得尤为重要。

此外，一些心理学家们通过实验证明，眼睛的眼白也起到了不可忽视的作用。在与人交往中，人们通过眼白可以观察到他人的眼神变化，进而实现心灵的沟通和交流。一般情况下，女性的眼白要比男性的面积大，因此我们更容易解读女性的内心。因为女性更容易领略到人的微妙的感情变化。

为了探明解读眼睛信息的方式，相关心理学家们做了一个实验。通过这个实验，心理学家发现，人们眼神接触的时间也有着特殊的意义。通常来讲，在人与人交流的过程中，人们的眼神接触的时间会占据整个交流时间的30%－60%。如果人们眼神的接触在交流过程中占据了60%以上的时间，则表明双方对彼此的话题都十分感兴趣；如果眼神的接触低于30%的时间，则意味着双方对彼此的话题并不感兴趣。心理学家的这番理论可以让人们得到的信息是：在人与人交往中，人的眼神时刻都显露着内心的真实想法。因此，如果人们在人际交往中善于分析他人的眼神，势必会更加清晰地看透对方的内心，在人际交往中就能游刃有余了。通过以上分析，FBI在办案中将眼神作为突破点也就不足为奇了。FBI可以通过嫌疑人的眼睛准确地看清其内心变化，进而及时调整策略，最终才能够成功操控嫌疑人的心理，进而加快自己的破案进程。

此外，精明的FBI还可以通过眼神来判断他人的性格特征。

FBI资深心理专家、《FBI教你破解身体语言》的作者纳瓦罗总结：在人际交往中，如果你遇到一个眼神清澈且单纯的人，那么他可能是一个心胸坦荡、为人正直的人；而那些心胸狭隘且虚伪的人的眼神一定是狡黠、阴晦的；一些志向高远的人往往眼神执着；为人轻薄的人的眼神往往飘忽不定；贪婪的人眼神暴露；自私的人眼神内敛；自卑的人眼神昏暗；自信的人眼神深邃等。很多事实都告诉人们，如果在人际交往中能够仔细观察对方的眼睛，必然能洞察对方的内心世界，这让自己在与人交往的过程中占据有利位置。而FBI在侦破案件的过程中，通过观察嫌疑人眼神的方式将其成功抓捕的案例也不在少数。

一次，一家位于波多黎各的旅馆发生了一桩惨烈的纵火案，97人葬身火海。随后，FBI立即对此案展开了调查，享誉全球的身体语言大师、美国联邦调查局的反间谍情报小组专家乔·纳瓦罗也加入其中。很快FBI将目标锁定为一名保安，因为纵火案恰好发生在这名保安的管辖范围内。为了确定这名保安在纵火案发生时是否在现场，乔·纳瓦罗问了他许多非常细微的问题，例如他在失火时身处何处，是否参与了纵火案等。为了获得准确的信息，乔·纳瓦罗在询问的时候细心观察保安在回答问题的时候每一个细微的表情变化，他希望能够通过保安的表情变化获得一些可以推进破案进程的因素。很快，细心的乔·纳瓦罗发现，当他提出其他问题的时候，保安的表情没有任何异常反应，但是当警察问道"在着火的时候，你在什么地方"的时候，保安的眼睛突然眨动了一下。然而，在乔·纳瓦罗的眼中，这一细微的动作绝非偶然，很有可能是一个暴露纵火案秘密的信号。FBI判断，保安在警察询问到他在纵火案发生的时候身处何地才眨眼，因此他的不在场证明才是询问过程中真正的问题，但是这并不能证明这名保安与纵火案有关。最终，在FBI的心理战术的进攻下，这名保安不得不承认自己在执勤的时候偷偷离开岗位与自己在旅馆中工作的女朋友见面，而三名纵火犯却趁此机会悄悄潜入他管辖的地区，最终酿成惨案。

在这一过程中，美国警察正是通过对保安眼睛的观察才抓住破绽。正是这个眨眼的小动作使FBI找到了案件侦破的突破口，才使得三名纵火犯被缉拿归案。在FBI的攻击下，三名纵火犯承认了他们的罪行。至于那名保安，虽然他没有被追究刑事责任，但是他毕生都会承受渎职造成惨案的愧疚。由此可见，如果人们能够在人际交往中读懂他人的眼神，必然能够操控他人心理。那么，人们在人际交往中应该怎样通过观察对方的眼神来洞察对方的内心呢？

人们在与人交往的过程中，应该注意观察以下几个方面：

（1）在初次见面的时候，如果对方有意将视线瞄向左右，表明他已经在这次会面中占据主动位置；

（2）如果对方在与你交谈时视线游离不定或突然转移，就说明对方对你谈论的话题不感兴趣，或者对方想回避这个话题；

（3）如果对方的眼神在与你交汇后便立即移开，这说明对方此时感到自卑；

（4）当你看了对方一眼后便匆忙将目光移开，说明你对其十分感兴趣；

（5）如果对方在与你交谈中忽然将视线垂下，说明对方正在沉思。

总之，人们若想游刃有余地在人际交往中洞察他人的内心，就应该多留心观察对方的眼神。很多心理学家都认为，人的眼睛是五官中最透彻、最敏锐的，它可以将人的心理活动显现出来，任何人的眼神都难以掩盖其内心想法，这就是人们常说的"眼为心声"，因此细致入微地观察他人的眼神是操控他人心理的前提。

5 仔细观察眼神，通过视线探测对方心理

很多善于探视他人内心世界的高手都有这样的心得："若想观察其内心世界，首先就要观察其眼睛的动作。"在日常的人际交往中，很多人为了能够让自己建立更多的人际关系，往往在"以诚相待"之前细细观察其眼睛的变化，尤其是其视线的变化。很多事实证明，能够通过视线的变化来洞悉他人内心世界的人往往可以更熟练地穿梭于社交场合。同样，精明的FBI正是通过观察嫌疑人的视线变化来洞察对方内心世界，才可以在侦破案件的过程中步步为营。心理学研究表明，如果人们的内心产生了某种欲望或情感，其视线必然会有所变化。因此，不论是对FBI，还是一些希望学习探视他人内心方法的人来讲，通过视线探测对方心理是使自己获得胜利的重要方法。

很多FBI的心理专家认为，一个人的视线必然准确无疑地反映其内心。通常来讲，在与人谈话的过程中，目不转睛地盯着对方的人往往较为诚实，但是这并不意味着在谈话的过程中倾听者由始至终地盯着谈话者。

由此可见，如果一个人在交谈中出现一些心理变化，其视线必然

会有所反映，因此很多人都将眼神的交流视为沟通的前提。在交谈中，人们应该细心观察对方的视线变化。正因为如此，FBI在与嫌疑人周旋的过程中势必会密切关注其视线的变化。如果在初次交谈的时候，其视线就不集中，精明的美国警察们便会更加小心谨慎地应付对方。

很多刚刚加入的FBI新人在跟前辈学习破解对方内心秘密的方法的时候，常常可以从前辈那里听到这样一个故事：一位名叫詹姆士·薛农的建筑家曾经产生一个想法，那就是通过一幅画来降低盗窃现象发生的频率。令人疑惑的是，他的画上仅画有一双皱着眉头的眼睛，并且将这幅简单的画镶嵌在一个庞大的透明板上。随后，詹姆士·薛农先后将这幅画挂在了几家商店的外墙壁上。果然，詹姆士收到了预期的效果——在悬挂这幅画的期间，这几家商店偷窃现象大量减少，而使偷窃现象减少的原因正是这幅简单的画。原来，任何一个企图盗窃的人都无法避免"做贼心虚"的心理，因此这些人在偷窃的时候总是尽力避开指责的眼光。

通过上面的故事，善于探视他人内心的FBI告诉人们这样一个道理：如果一个人在别人的注视下移开视线，就说明在他心中有可能存在愧疚感，或者试图掩盖某件事情。

此外，心理学家还提醒人们，如果我们从不同的观察角度出发观察对方，对方的视线也会反映出不同的信息。

为此，精于破解他人心理的FBI心理专家提醒人们，在观察对方的视线的时候要注意以下几个方面：

第一，对方是否在注视自己，这是破解其视线中隐藏的信息的关键因素。

第二，要关注对方视线的活动情况：无论对方是目不转睛地注视自己，还是在视线刚刚接触的时候立即移开，都蕴涵着不同的信息。

第三，要注意观察对方是正眼端详自己，还是侧视自己。因为视线的不同方向也会反映出不同的信息。

第四，要着重观察对方视线的移动情况，因为自下而上的视线和自上而下的视线也会隐藏着不同的信息。

第五，切不可忽视对方视线的集中程度，要注意对方是专心地看着自己，还是只是飘忽不定地看着其他地方，这些差异也含有不同的意义。

由此可见，在不同的情况下，视线的位置和移动情况的不同也反映出人的不同心理。例如当上级与下级谈论工作的时候，上级的视线往往会十分自然地由高至下，而下级的视线却常常由下至上，即使是没有犯错的下级也会用这种视线看着自己的上级，而视线的差异就反映了这两者当时的优劣与尊卑心理。

其实，在长期的实验总结及侦破案件的过程中，FBI的心理学家还发现了这样的现象——在人与人的交往中，人们的视线的变化也与人们的性格有着十分紧密的联系。通常来讲，在交往中，性格内向的人更容易移动视线。美国的比较心理学家理查·科斯为了了解人的性格与视线之间的联系，曾经让一组患有重度自闭症的儿童与一组陌生的成年人见面，并且交谈。为了更细微地了解视线与心理和性格之间的联系，心理学家让被蒙住眼睛的成年人和不蒙住眼睛的成年人先后出现在儿童的面前，此时，心理学家则在一旁悄悄地观察自闭症儿童注视成年人的时间长度。结果心理学家发现，儿童注视蒙住眼睛的成年人的时间要远远长于不蒙住眼睛的成年人，而且注视前者的时间竟然为后者的三倍。这意味着：当不蒙住眼睛的成年人出现在这些儿童面前时，只要双方有视线接触，患有重度自闭症的儿童就会立即转移自己的视线。由此可见，大多数性格内向的人无法一直注视对方。

因此，FBI在工作中总是能够通过对方的视线的变化情况来操控对方的心理。此外，FBI的心理学家还发现，当人们面对异性的时候，如果仅仅看了一眼便有意匆忙转移自己的视线，则说明这个人对对方产生了好感，例如有一名装扮时尚的年轻女性出现在公众场合，几乎所有人的视线都会集中在她身上。但是，年轻的男性往往会看一眼后匆忙将视线移开。这是因为虽然年轻男性也对时尚女郎产生了浓厚的兴趣，但是他们同时也在约束自己的行为。为此，精于破解身体语言的FBI心理学家总是提醒人们，当人们面对异性的时候，切不可立即把视线移开，这样很可能会使对方反感。

其实，人们的视线所能反映的心理状态并不局限于以上几种。而人们眼睛的每一个细微的变化都可以传递很多信息。因此FBI总是会通过观察对方的眼睛来掌握对方的心理。这样即便是城府颇深的人的眼神也会在某一个瞬间显露出他的内心。

6

捕捉眼球转动的信息，
学会操控眼神背后的心理态势

　　心理学家在长期研究中发现，在与人交往的过程中，通过对方眼球的转动也可以捕捉到很多关于其内心世界的可靠信息，一些高明的心理操控者甚至能够根据一个人的眼球转动窥视其内心的秘密，尤其是FBI。

　　为了探求眼球转动能够透露出信息，心理学家曾经做过这样一个实验——先让实验的参与者聚集在一起，然后心理学家问他们几个普通的问题，例如"你把钥匙落在哪个房间了？"、"你有几件衣服？"、"你的姐姐的样貌如何？"等，此时细心的心理学家发现，被询问者的眼球几乎都在向上转动。实际上，无论人们在回忆过去的事情，还是在憧憬未来的场面，只要人们的头脑中浮现出与画面相关的内容，人们的眼球都会向上转动。换言之，人们已经进入了视觉世界。如果人们在仔细聆听音乐会或演讲，眼球则会在眼睛的正中位置，这意味着此时的人们进入了听觉世界；如果人们感觉到身心疲惫，或者身体受到外部刺激，眼球就会向下转动，这意味着此时的人们正被某种情绪控制。

总而言之，当人们的眼球向上转动的时候，他可能在想象视觉形象；而当他的眼球停留在中间的时候，他的听觉必然正在享受美好的声音；而当人的眼球向下转动的时候，他的身体处在某种触觉刺激下。因为通过对对方眼球的观察窥探对方内心的另一条途径。这也成了FBI在与嫌疑人周旋中运用最广泛的手法。当然，也是FBI能够在与嫌疑人的交锋中屡次胜出的原因。

心理学研究表明，我们可以通过眼球运动的方向来判断对方的思维状态。向右上方转动的眼球意味着人们正在幻想某些事物，同时，眼球向右上方转动也意味着眼前的人是一个喜欢做白日梦的人，但是这并不代表这些人只会浮想联翩，因为很多具有创意的实质性建议和发明都是从想象开始的。很多研究和事实也证明，这些人擅长逻辑分析。

与向右上方转动的眼球相反，向左上方转动的眼球则意味着人们正在回忆过去的事情，或曾经见过的画面。例如"附近有几家大型商场"、"要过几条街才能够到达目的地"、"昨天的晚饭有几道菜"等。在FBI看来，如果我们交谈的对象其眼球向左上方转动，不仅意味着他此时正在回忆过去的经历，还表明对方平时喜欢反复地回忆往事，而对这类人就要有耐心。此外，即使他们在其他的社交场合聆听他人的发言时，他们也会把自己的美好回忆带进来，这类人还是比较普遍的。

此外，如果在与人交谈时对方眼球向右下方转动，则意味着对方情感容易出现波动，例如心情会大起大落。这类人往往有着超乎寻常的思考能力和缜密的心思，但疑心却很重。这些人常常把自己想象成侦探，甚至细微的痕迹也会让他们浮想联翩。此外，心理学家们还提醒大家，这些人做事过于精细，因此尽量不要与这些人在金钱上产生瓜葛，因为这很可能会使自己陷入巨大的麻烦中。值得注意的是，如果对方并不是在每次与人交谈的时候都将自己的眼球向右下方转动，只是偶尔才有此表现，则表明他此时所说的话可能并非实话。

与向右下方转动的眼球所表现的信息不同，向左下方转动的眼球则意味着人的听觉此时正在发挥作用，也许他此时还在内心深处带着浓厚的情绪色彩与自己对话。例如说一句能够鼓舞自己的话，或者哼唱一首自己喜欢的歌曲。在善于操控他人内心的专家看来，这些人具有超强的思考能力，喜欢无忧无虑的生活，但是很容易给他人留下好吃懒做的印象，而这则是一种不折不扣的错觉。实际上，这些人十分善于安排自己的生活与工作的关系，也能够较认真地听取他人的建议，还能够毫无保留地坦然讲述自己的观点。FBI认为，这些人崇尚自由，并且能够坦然面对他人，因此在与这些人交往的时候，千万不要让他们感到有压迫感，否则这些人很容易与对方保持距离，此时想再次取得他们的信任就不容易了。因此，最佳的操控策略就是给他们一个轻松的氛围以及在交流过程中保持平和的态度。

与以上四种类型不同的还有：对谈话者而言，其眼球向左右转动也透露着不同的信息。通常来讲，向左侧转动的眼睛意味着说话者此时正在回忆往昔，例如前天去哪里购物、上个月结交了几个新人、前天与谁共进晚餐等。相反，眼球向右侧转动则意味着说话者正在畅想未来，例如制订明天的工作计划，想象下一个节日该怎样度过，怎样布置自己的新家，等等。由此可见，当人们在回忆过去或者畅想未来的时候，其眼球会向左右方向转动。不过，心理学研究却表明，左撇子是例外的。

心理学研究结果还表明，当一个人的眼球正迅速地左右转动，则传达了另一种意思。通常，当一个人聚集其全身的力量去思考某个问题的时候，其眼球就会左右转动。同样，当一个人抱有警戒心、紧张或不安时，其眼球同样会左右转动，因为此时的人们希望能够在掌握各种情况的同时尽量稳定自己的情绪。例如在辩论赛中，被诘难的人的眼球往往就会迅速地左右转动，因为他们此时希望能够找到合理的观点来应对对方的提问。在侦破案件的时候，FBI也常常通过对方眼球的转动获得破案线索。

1997年的某一天，在华盛顿的著名的金融街上，很多庞大的金融机构和证券公司都照常经营。这一天，FBI像往常一样在这一地区巡查，就在一家银行门口，FBI注意到一名神情怪异的中年妇人。这家银行是当地最大的银行，但是周围的治安状况却不佳，抢劫运钞车的事情时有发生。此时，这位中年妇人在银行门前左顾右盼。果然，正是这双迅速地左右转动的眼球引起了FBI的注意。FBI敏锐地意识到，这名妇人正在寻找某样东西。不一会儿，这名妇人竟快步走向运钞车。直到此时，FBI才想起，这名妇人的眼睛总是盯着停在银行附近的运钞车看，并且一直在运钞车旁徘徊。由此FBI判断，这位妇人是在寻找合适的机会抢劫运钞车，于是FBI悄悄接近这位妇人，但是妇人却没有察觉到周围环境的异样。就在她准备掏出手枪的时候，FBI迅速冲了上去，将这名妇人摁倒在地。

经过FBI调查，得知这名妇人是一个恐怖组织的成员，该恐怖组织经常在美国和一些欧洲的发达国家对运钞车实施抢劫。经过仔细的盘查，这名妇人如实交代了他们的犯罪经过。据调查，在不到三年的时间里，这个恐怖组织成功抢劫了48家银行。而这次，其成员却栽在了精明的FBI手中。

不可否认，在抓捕这名妇人的过程中，妇人不断转动的眼球成为FBI成功破案的关键线索。在准备实施抢劫的时候，这名妇人必然有一种紧张的心理，因此她的眼球才会左右转动。然而，FBI正是从她左顾右盼的眼神中读出了她紧张、惊恐的内心，才会注意妇人的一举一动。最终，FBI抓获了一个正准备实施抢劫的嫌疑人，也保护了银行的财产安全。

  由此可见，在人的丰富的面部表情中，眼球的转动方向可以向人们提供最明显、最丰富的信息，它可以映射出对方的内心世界。因此，很多精明的销售员将这个道理运用到推销产品的过程中；而有经验的老师则将这个道理应用到对学生的教学过程中；而我们在人际交往中充分运用这一道理，才能游刃有余地穿梭于各种社交场合。由此可见，任何人都可以通过对方不断运动的眼球获悉对方内心世界中最隐秘的东西。

Part 05

操控其人就是操控其心——
FBI有效驭人的心理策略

　　"操控其人就是操控其心。"这是FBI著名的心理学专家罗伯特·K.雷斯勒经常说的一句话。在他看来，操控对方的关键就是要操纵对方的心理，这样驭人才会有意想不到的效果。在实战中，他建议人们多学习一下心理战术，例如，用尊重别人的方式赢得对方的信任，从而到达驭人的目的；善于利用惊吓效应，让对手闻风丧胆。还要学习诸如让对方感到满足的心理技巧以及让对方履行承诺的策略。罗伯特·K.雷斯勒认为，这些方法看似简单，但背后却有着很深的学问，只有充分学习这些学问并将其运用自如，才能做到有效操控一个人的心理，从而成为一名能有效操控别人心理的战术高手。

要想"驭"人，先学会"敬"人

FBI非常善于捕捉对手的心理动态，达到驾驭人心的目的，这与他们在日常训练中注重心理操控术方面的训练有非常紧密的关系。因此，大多数人都对FBI这个带有神秘色彩的组织肃然起敬，并希望从他们在实战中总结出的经验学习到如何操控别人的心理。

FBI认为，心理操控的目的就是要彻底了解对手的心理特征，以便及时采取相应的措施。为此，FBI将驭人作为一项重要的训练科目。

对别人进行心理操控也许在大多数人眼中是非常深奥和困难的，因为面对错综复杂的社会环境，一般人想要摸清另外一个人的心理的确不是件容易的事情。FBI通过不断的实践与总结后，在了解对手心理状态方面总是略胜一筹，他们认为，要想"驭"人，要先学会"敬"人。那么他们是如何"敬"人的呢？

（1）帮助对手权衡利弊

在FBI看来，帮助对手权衡利弊不仅能使对手在心理上感到被尊重，还能有效拉近彼此的心理距离，以便彻底了解一个人内心的真实想法。帮助对手权衡利弊就是要顾全大局，避免出现对对手不利的事情。为此，FBI讲述了这样一个案例：

美国俄亥俄州一座大型图书馆中发生了一起持刀抢劫案。一名犯罪分子将刀架在一名正在看书的女士脖子上。图书馆管理员闻讯而来，对犯罪分子大声训斥道："你简直太没人性了，居然对弱小者实施抢劫，如果你不停手的话，我将把你扭送到警察局！"此话一出，犯罪分子不但没有停下手，手中的刀反而握得更紧了。接到报案的FBI火速抵达抢劫现场，他们从多年的实战经验得知，对付这样的犯罪分子最好的办法就是攻破对方的心理防线，这样才可以避免人质受伤。于是FBI对精神处于紧张状态的犯罪分子说道："嗨，老弟，你肯定是遇到什么难处了，如果你愿意的话，我愿意帮你想办法解决。抢劫可不是个好办法，你应该知道，抢劫成功的话会面临五到七年的监禁，如果抢劫过程中造成人员伤亡，还可能面临更为严厉的处罚。不过，我相信，你和我一样，也是不想看到这种情况的，对吧？立刻停下抢劫行为，也许会改变你的人生，自由与否完全掌握在你的一念之间。"这名犯罪分子被FBI的话镇住了，他内心深处有一种被尊重的感觉，经过权衡利弊后他将刀扔在了地上。

可见，"语言的力量是无穷的，它对有效驭人起到积极作用"——FBI从实践中总结出的心得体会。FBI认为，每个人都有渴望得到别人尊重的心理，而用语言帮助对手权衡利弊就可以达到这个目的。比如，当一个人心血来潮想要去挑战一项极限运动时，如果说"你这样做太冒险了，如果你还想看到明天的太阳就不要去！"对方听到这样的话后，可能不仅不会放弃挑战，反而更坚定了挑战的决心；如果换用这样的方式："挑战这个极限运动出现风险的概率高达90%，据统计，每年因为挑战该极限运动致残的人高达5万人，为了你的家人着想，建议你还是放弃这项挑战吧。"那么对方就很容易产生动摇。

第二种表达方式并没有用生硬的言语刺激对方,而是从对方个人安危和家人未来的角度出发,将冒险可能出现的风险告诉他权衡利弊,让他心里心怀感激的同时,还增进了彼此间的信任。最终,那名想要挑战极限运动的人取消了该计划。

(2)把对别人的称赞具体化

FBI认为,大多数人都希望得到别人的称赞,称赞要运用得恰到好处,假若称赞不得要领,让被称赞的人明显感觉到是一种谄媚的话,那么不仅不会起到笼络人心的作用,还会引起对方的反感。

FBI从实践中总结出,如果在称赞对方的过程中,对被称赞的人能说出具体的称赞细节,会让对方更容易接受你的称赞,这样也为有效驭人作好了铺垫。比如在称赞一个人的外表时,不要仅仅说"长得精神",不妨可以说"你的眼睛真有神,清秀的脸让人看上去感到很亲切";在称赞一个人的性格特征时不要仅仅说"你真是个性格开朗活泼的人",可以尝试说"和你在一起让人感到轻松与快乐,相信很多人都愿意和你成为好朋友。"显而易见,对别人的称赞具体化要比直截了当地称赞一个人更容易使人接受,也更容易洞悉出这个人的心理变化。

FBI就是通过以上这些"敬"人的策略达到"驭"人的目的,并且这样的心理操控术也越来越成为操控一个人心理的有效战术。

2 震慑效应让对手闻风丧胆

"打击犯罪分子一定要狠，让对方闻风丧胆才能做到有效驭人"——这是FBI在内部培训中经常说的一句话。他们认为，操控一个人在必要时要对其进行惊吓，让对手闻风丧胆，这样才能在心理上占据优势地位。当一些犯罪分子听到FBI的大名时，内心都为之一振，甚至没有与FBI交锋就已逃跑了。那么FBI究竟用什么样的方式使犯罪分子闻风丧胆的呢？

（1）通过提高声调的方式震慑对方

"在与对手的交谈中，提高说话声调不仅在心理上能占据优势地位，更重要的是能让对手受到惊吓而不知所措。"FBI心理研究中心的训练师如是说。从多年的心理研究中他发现，在两个人的交谈过程中，心理上占据主动位置，能控制对方心理的人往往都是那些语速快、声调高的人，这样的人通过高声调达到震慑对方的目的，最终"攻陷"对方的心理防线。

美国加利福尼亚州是个阳光充足的旅游胜地，然而在1998年的一天却发生了惊心动魄的一幕：一辆黑色雪佛兰商务车疾驰在公路上，车子不断向沿途的路人撞过去。几分钟后，三辆印有"FBI"字样的警车加入到追捕黑色雪佛兰商务车的任务中去。为了避免更多无辜的路人受到伤害，FBI决定兵分三路对驾驶商务车的犯罪分子进行追捕。

追捕持续了15分钟后，FBI用扩音喇叭对犯罪分子进行喊话："我们是FBI，请前方车辆立即停下来接受检查，请立即停下来接受检查！……"就这样反复喊了好几遍以后，急速飞驰的商务车减慢了车速，FBI顺势加速赶至商务车边上，对着车窗里的人大声说道："我们是FBI，请你立即停下车，否则你可能面临严厉的处罚。"当说完这些话以后，FBI用余光扫了一眼犯罪分子的神情，只见这名犯罪分子的嘴角不停在抽搐，FBI意识到对方的心理可能受到惊吓，于是趁机继续对他喊道："我命令你马上停车！任何反抗都是徒劳的！"只见商务车的车速明显地降了下来，最终在一处公路的拐角处停了下来。这就是FBI在实战中通过提高声调的方式使对手心理防线被攻破、令对手闻风丧胆的经典案例。

（2）通过肢体语言的方式让对手内心感到恐惧

FBI认为，肢体语言能有效震慑一个人的心理。因为肢体语言能反馈出一个人即将要实施的行为。比如，当一个人举起拳头挥舞时，对方能意识到此人内心可能充满愤怒，因此他们便会及时远离挥舞拳头的人；当来到一处陌生之地时，看到有人用手指比画成枪的形状对着自己时，内心也会感到恐惧，因为他们总感觉危险离自己越来越近，在这种情况下，便会转身而逃。

FBI在实战中就经常会借助这种肢体语言的方式让对手内心感到恐惧，最终达到驭人的目的。

在一次案件的调查中，FBI怀疑美国一家银行的财务总监涉嫌参与洗钱，于是便对其进行审讯。但在审讯过程中该银行的财务总监对此矢口否认，审讯持续了3个小时，但是也没能从财务总监口中得到任何有价值的信息。后来FBI意识到，让财务总监供述犯罪经过的最有效的方法就是让他主动开口。

当再次审讯财务总监时，FBI双手抱胸，故意在财务总监面前来回走动，这样持续了大约半小时后，只见财务总监额头上渗出了汗，FBI见时机已成熟，迅速地用左手中指指着财务总监，大声说道："我们已经掌握了你参与洗钱的犯罪证据，你还是尽快交代你的犯罪过程吧！"当FBI做完这些肢体语言后，只见这名财务总监面色惨白，嘴唇不停地哆哆嗦嗦，最终交代了犯罪经过。

在以上的案例中，FBI正是通过不说话，而是用肢体语言的表达方式暗示犯罪分子："我们已经充分掌握了你的犯罪证据。"让犯罪分子心生恐惧，最终击溃犯罪分子的防备心理。

"练就令对手闻风丧胆的本领是你们在FBI中必须要完成的功课。"FBI前局长胡佛曾经这样说过。的确如此，FBI就是通过不断练就让对手闻风丧胆的本领震慑对方，侦破了一系列的案件，赢得了极高的声望，同时也为他们赢得了"心理操控大师"的美誉。

3

八面玲珑化解争执

"八面玲珑化解争执"是FBI在实战中运用自如的一种驭人的心理策略。在这种心理策略的帮助下，FBI不仅有效地化解了一个又一个争端，还操控了人心。对此，很多人都对这种驭人的心理策略抱有很高的兴趣，也想让FBI尽快揭开隐藏在这种心理策略背后的神秘面纱。

FBI认为，有效驭人首先要具备驭人的素质，比如，个人口头表达能力、人格魅力、感染他人的能力以及强大的号召力等。当这些素质集中在一起时，便形成了有效驭人的最理想的素质——八面玲珑。在FBI内部训练中，经验丰富的特工经常对新加入的成员强调个人素质的重要性："在实战中你们会遇到形形色色的人，这些人中有相当一部分人的个人素质非常高，因此，你们在与他们交锋的过程中想要占据上风就必须加强自身素质修养，这样才能操控他们，否则，很快就会败下阵来。但需要提醒你们的是，只有当自身素质真正达到八面玲珑后，有效驭人的概率才会更高。"

在FBI的发展过程中，首任局长胡佛说得最多也是最经典的一句话就是"在FBI如果不具备八面玲珑的素质，就不是一名合格的FBI，还是早一点儿回家喝咖啡去吧！"因为在胡佛看来，不具备八面玲珑的素质根本不可能适应变化莫测的社会环境，在面对那些高智商的犯罪分子时也会不堪一击，更别提操控其心了。因此，不断训练八面玲珑的素质是所有FBI的必修课之一。

当FBI练就八面玲珑的素质后，会通过实战不断运用它来化解争执。具体的策略有：

(1)用转移注意力的方式化解争执。很多时候争执会随时爆发，但如果双方为此爆发冲突的话，对任何一方都不会有利。FBI认为，可以用转移注意力的方式化解争执。比如，两个人对同一件事产生不同的意见时，在争执发生前，第三个人就可以用转移注意力的方式避免双方发生争执，可以这样说："经理让您马上过去开会。"当即将要发生争执的人被这些话转移注意力后，发生争执的概率就会大大降低。

(2)避免与对手正面交锋，采用迂回战术化解矛盾。FBI认为，没必要与对手展开正面交锋。这样做最大的好处就是保存了自身的实力。如果一味地与对手正面交锋，交锋双方都可能受到损失，这样还谈何操控人心。因此，FBI在实战中为了能有效驭人，会采用迂回战术与对手展开对决，这样不仅避免了正面交锋可能带来的损失，还有效地化解了矛盾，从而成功地操控对手的心理。

FBI就是在自身八面玲珑素质的带动下保存了自身的实力，更为对犯罪分子实施攻心策略提供了前提保障，因此，这种心理操控术被人们广泛学习和使用，并成为有效驭人的心理策略之一。

4 让别人对你言听计从

"有效驭人最关键的就是要让别人对你言听计从。"FBI无论是在日常的训练中还是在实战中始终将这句话牢牢地印在头脑中。他们认为,有效驾驭别人的前提就是在心理上操控别人,让对方失去独立思考问题的能力,对你的话言听计从,这样才能真正达到操控一个人的目的。

很多人会关切地问:"怎么才能做到让别人对自己言听计从呢?"对此,FBI总结出以下的一些策略:

(1)紧抓对方的"小辫子"

当一个人内心深处有不可告人的秘密时,通常会将其隐藏起来。他们害怕这些秘密被曝光,FBI在实战过程中,总能找出对手一些隐藏在深处的秘密,而对手为了不让秘密公诸于世,只得屈从于FBI的控制,因此,FBI也达到了有效驭人的目的。

(2)分散对方注意力后,快速出击

FBI认为,每个人都有心理软肋,如果利用好对方的心理软肋,做到快速出击的话,往往能成功操控一个人的心理,使他们言听计

从。在FBI看来，赢得胜利的关键就是要迅速抢占先机，先抢占到它，成功也就越近。

埃尔维斯是一位有着30年实战经验的FBI，从他进入FBI的第一天起，就一直接受着心理操控术方面的培训，从他多年的经验来看，在与对手进行博弈时，如果不掌握一定的心理操控技巧是很难取得胜利的，想要赢得胜利，就要抢占先机，随后再对对手的心理软肋进行攻击，直至对手对自己言听计从为止。

2004年，美国驻伊拉克军事基地发生了这样一件事情：军事基地的士兵正在进行午休，一名袖标上印有"美国海豹突击队"的士兵突然间情绪变得非常激动，用枪顶着一名厨师的脑袋。此事被恰巧路过的埃尔维斯看到，他意识到这个人可能遭遇了一些事情。为了安抚这个士兵的情绪，埃尔维斯向这个士兵问道："朋友，你这是怎么了？"

"我讨厌这里，讨厌去作无谓的牺牲！"海豹突击队员情绪激动地说着。

"你到底遇到什么困难了？"埃尔维斯关切地问道。

"都是该死的伊拉克战争！每天都会看到有同伴牺牲！"士兵咆哮着。

从几句简短的谈话中，埃尔维斯得知这名士兵对伊拉克战争非常抵触，才会做出这样冲动的事情来。为了制止士兵的行为，埃尔维斯意识到必须要对其展开心理战术。

对此，FBI对海豹突击队员的攻心战就这样打响了。埃尔维斯在与士兵交谈过程中不断向他提问，以此来分散他的注意力。在经过一个小时的劝说后，埃尔维斯发现这个士兵的情绪有所缓和，于是他迅速抓住这个机会，继续对士兵说道："你的家人都以你为荣，因为他们知道你是个有责任心和爱心的人，同时他们不希望看到你做出任何傻事。"说完这些话后，只见这名士兵开始抽噎起来，埃尔维斯继续说道:"虽然目前你可能遇到了令你不满意的事情,但这些事情不会持续太长时间,但如果你试图用这种极端的方法解决问题,伤害了别人的同时也伤害了自己,那么你的家人会非常难过的。"埃尔维斯意识到对海豹突击队员实施的攻心策略已经收获成效,似乎也触碰到对方的心理软肋,于是他改用命令式口吻对海豹突击队员说道:"你现在最明智的做法就是把枪交给我,然后慢慢向我走来。"在场的一些人正在对海豹突击队员能否执行命令表示怀疑时,这名队员低着头缓缓地走到埃尔维斯身边,将手中的枪交给了埃尔维斯。

可见,这种利用对方心理软肋,快速出击的方法在驾驭对手心理上有十分明显的效果。

(3)有气场的亲和力是有效驭人的方式

亲和力是使人变得亲近并增加彼此间沟通的一种力量。其实亲和力最早是化学领域中的一个概念。但随着时间的发展它被用在人际交往中。FBI认为,有亲和力的人往往能带来一种力量,这种力量在增进对方信任的同时,还可以起到让对方言听计从的目的。

在FBI实战过程中,有一次,FBI抓获了一个以贩卖儿童器官为主的跨国犯罪团伙。该犯罪团伙的头目是个40多岁的女人。在FBI对这名犯罪团伙头目进行审讯的过程中,这个女人始终大喊大叫,对审讯工作毫不配合。无奈之下,FBI暂停了对她的审讯。

从该犯罪分子的档案中可以看出,这个女人从小便失去了父母,7岁便流落街头,并接触到社会上许多不良人士,久而久之,曾经天真的小女孩变成了如今的"女魔头"。据不完全计算,她在三年的时间内,将36个儿童器官贩卖到各个地区,残忍程度令人发指。为了尽快从该犯罪头目口中得到有价值的信息,FBI决定派一名经验丰富、具有亲和力的特工继续对其展开审讯。

再次对犯罪头目进行审讯时,一位外表具有亲和力的女特工出现在犯罪头目的面前。她并没有直接对犯罪头目进行审讯，而是用平和的语气对犯罪头目说道："嗨，朋友，你到底出现什么问题了？我非常愿意帮助你解决遇到的难题。"只见这名犯罪头目一声不吭地坐在一旁。女特工并没有气馁，而是继续追问道："不用担心，只要将你出现的问题告诉我，我会尽快帮助你解决问题的。"说完这些话以后，女特工看到这名犯罪头目用乞求的眼神望着自己。女特工意识到这名犯罪头目的心理已经开始出现变化，于是对她说道："如今你只有将贩卖器官的整个经过全部告诉我才可以为自己减轻一定的罪责。否则，只会对你不利。"只见这名犯罪头目低下头，完全没有此前大喊大叫的情况，并如实地向女特工供述了自己的犯罪经过。

　　FBI就是通过对犯罪分子进行以上的心理操控术，达到让别人言听计从的目的，为快速有效地破案提供了必要条件。因此，那些想和FBI一样让别人对自己言听计从的人，非常有必要在实战中借鉴FBI总结出的心理操控术，以便达到操控对手心理的目的。

5 让对方履行诺言的心理技巧

在生活中,常常会出现不守诺言的情况,对此,有些人非常苦恼,却找不到让对方履行诺言的方法。其实在FBI看来,对方之所以没能履行诺言,很大程度上与没能有效地操控对方心理有关系,由此可以看出,让对方履行诺言就需要运用一定的心理技巧,而心理技巧是否能够有效使用将决定诺言履行的程度。为此,FBI从多年在实战积累的经验中总结出以下几点技巧:

(1)用对比法让对方答应自己的要求

FBI认为,从心理学的角度出发,对比就是从实际环境出发,通过不同的表现方式与沟通技巧,使对方无法猜透自己的真实想法,从而实现在心理上占据主动,操控对手心理的目的。

人们经常有这样的感受,当人们在吃水果的时候,会感受到水果的香甜,如果在这些水果上滴上一滴辣椒油的话,水果将不再香甜,而会出现麻辣的感觉。这是甜味与辣味之间的对比。FBI从经验中也能得出这样的体会:有些时候,对比方式的有效运用可以让对方有效地履行诺言。比如,当一名员工想和领导请假,如果直接就和领导说

"因为某某原因想申请带薪休假",这个时候领导可能会说:"最近公司业务比较忙,也缺少人手,还是等一段时间再休假吧",用类似这样的话拒绝员工请假的请求,而有经验的FBI告诉人们,遇到类似事情的时候应该用对比法和领导这样说:"最近发生了一些事情,想找个时间和您好好研究一些问题,希望能引起您的重视……"此时领导就会被这样的话弄得紧张起来,神经也开始紧绷,于是他会担心地问员工:"到底怎么回事?"当领导进入到自己设下的"陷阱"以后,员工便对领导说:"这个月想把剩余的年假休完,您看行吗?"当听完这些话以后,领导紧绷的神经开始松弛了下来,口中还说道:"还以为发生什么事情了呢,就这件事啊,好了,批准你去休假了。"可见,这名员工就是用对比法成功操控了领导的心理,让领导答应了自己休假的要求。

(2)在心理上"看低"对手,让对方在心理上甘拜下风

FBI认为,人们在从事某一件事情或与别人打交道时,如果将一件事看得过于复杂或过于"看高"别人,那么自己在心理上就会处于被动状态,这样的人往往也是对自身缺少信心的表现,殊不知,这样是不利于与对手进行交锋并对其展开心理攻击的。因此想要将被动变为主动,就需要为自身树立足够的信心,用"看低"对手的心理战术作好与对手展开心理攻击的准备,这样才能有效地操控对手的心理。

在FBI看来,将对手"看低",可以增强自身的自信心,内心深处也能理所当然地感觉到对手不如自己,在这种情况下,别人感觉你是个有"气势"的人。当一个人的自信和勇气被完全激发出来以后,才能在语言方面达到压制对手并占据对方心理制高点的目的,如此一来,对手很难进行反击,就只能乖乖地让步,并履行当初的承诺。

(3)巧妙化解对方的排斥心理,为对方履行承诺提供条件

FBI认为,对方之所以不按时履行承诺,与对方强烈的排斥心理有关。要想让对方履行承诺，必须要巧妙地化解对方的排斥心理。

FBI用经验告诉人们，当一个人对另外一个人产生排斥心理后，双方的关系一定不会太好，同时在履行承诺方面的效果上也会大打折扣。因此，FBI在实战中始终将化解对方的排斥心理作为让对方履行承诺时的一项必备工作。FBI认为，搞定对方的关键就是要化解对方的排斥心理，这也是他们在实战中着重强调的。

FBI经常被派往各地去调查案件，有一次一位FBI在机场候机大厅中听到有人在争吵。

"你为什么不兑现诺言！"一位上了年纪的老人大喊道。

"拾到我的护照归还给我是你应该做的，我为什么要给你报酬呢？"中年女子反驳道。

FBI在周围人的口中得知，这位中年女子在候机大厅不小心将护照丢失，于是她通过机场广播发布了一则消息："本人不慎将护照丢失，如有拾到归还者将予以重谢，奖励300美元。"半个小时后，一名上了年纪的老者拿着从卫生间拾到的护照找到这名中年女子，并向其索要报酬，可没想到中年女子没有履行诺言，于是双方便开始争吵。

由于这位FBI此前在实战中遇到过类似的情况，在他看来，对方不履行承诺是由于对方产生了排斥心理，如果这个"心结"不能解开的话，是很难履行承诺的。因此，FBI分别与中年女子和上了年纪的老人进行了沟通。在沟通的过程中，中年女子这样说道："虽然我发布了寻物启示，但还是对那些伸手索要钱财的人很排斥，因此我不想支付300美元的报酬。"在与老人的沟通过程中，老人无奈地说道："我只是想把这300美元捐献给儿童福利基金会，以此来帮助更多的儿童，可是她竟然耍起了无赖。"

在了解到两个人的心理后，FBI对中年女子说道："我想你一定是误解这位老人了，老人的本意是想把300美元捐给儿童福利基金会，而不是自私自利的行为。"当中年女子听完这些话以后，此前对老人索要钱财的鄙视心理荡然无存，将300美元报酬交给了老人，在场响起了热烈的掌声。

　　由此可以看出，想要让对方履行承诺的最关键因素就是要操控其心。借助FBI总结出的方法和技巧，驾驭对手心理才能让对手切实履行诺言，可以说，这样的心理操控术值得人们学习。

6

满足对方虚荣心的心理策略

"让对方满足,是有效驭人的一种心理策略。"这是FBI行为科学调查组创始人罗伯特总结出的经验。他认为,有效驭人的关键是采用心理战术——让对方内心感受到无比满足的心理策略,达到有效驭人的目的。具体应该做到以下两点:

"虚荣心每个人都会有,只是每个人的表现程度不同罢了。只有满足一个人的虚荣心后,才能有效洞悉这个人内心世界的真实想法。"FBI在实战中总会牢记这句话,并将其作为操控人心的一种策略。FBI通过观察发现,虚荣心强的人大多都是不容易满足的人,一旦有人满足了他们的虚荣心后,他们的内心立刻会变得非常满足。

2000年一个平静的午后,FBI奉命到墨西哥追踪一位在美国制造三起恐怖爆炸袭击事件的恐怖分子。由于这名恐怖分子有众多的替身,总能逃脱FBI的追捕。这天,FBI派出的卧底带来消息称,这名恐怖分子潜逃至墨西哥郊外的一处别墅内。得到这个有价值的情报后,FBI立即到达恐怖分子藏身的地点,然而他们发现,别墅四周用高墙围起,并装有监控设备,外界的任何风吹草动都可能引起别墅内恐怖分子的怀疑。为了不打草惊蛇，FBI决定派一名经验丰富的人扮成富商混进别墅内探知究竟。

"富商"来到门前敲门，别墅内传来一声低沉的声音"谁？"

"我是墨西哥运输业的富商，想与阁下洽谈运输方面的合作。"

令"富商"没有想到的是，对方竟然没有怀疑自己的身份，并将自己引进了客厅。进入客厅，"富商"一眼就认出了被FBI通缉的恐怖分子，为了满足对方的虚荣心，"富商"故意大声说道："其他朋友经常向我提起您，说您在商界凭借自己的努力成功将业务拓展到海外市场，这一点我非常佩服，同时也希望能与您进行更多的商业合作。"

恐怖分子显然并没有怀疑"富商"的真实身份，当他听完"富商"的话以后，内心极为满足。于是便放松了警惕。

为了进一步让恐怖分子内心满足，"富商"继续说一些满足恐怖分子虚荣心的话语，逐渐，恐怖分子的虚荣心在得到了最大满足后，沉浸在"富商"的赞美中无法自拔，便开始与"富商"称兄道弟，与"富商"大有"相见恨晚"之意，甚至将自己的真实身份告诉了"富商"。正当恐怖分子继续对"富商"袒露心声时，"富商"用闪电般的速度将手铐戴在了恐怖分子的双手上。显然，恐怖分子并没有预想到自己会遭到闪电式攻击，当他看到冰冷的手铐已经戴在手上不能动弹时，他才猛然惊醒。

由此可以看出，FBI在实战中就是通过满足对手的虚荣心的心理策略，使得他们在与对手交锋的过程中达到了有效驭人的目的，因此，这样的心理策略值得人们学习。

7 满足对方要求的心理策略

FBI在实战过程中，经常会遇到一些穷凶极恶的犯罪分子，换做旁人可能会远远地避开或者干脆与他们拼出个你死我活。但FBI绝不会如此，他们不会轻易放过犯罪分子，也不会轻易激怒犯罪分子，而是尽量满足对手提出的要求，安抚对手的心理，以便为有效打击对手创造有利时间。

经过犯罪心理学家研究表明，对正在实施犯罪的极度穷凶极恶的歹徒来说，在犯罪活动的进行中，如果对方激怒了他们，他们实施犯罪的速度很可能会加快，同时实施犯罪的决心也会进一步增强。对此，FBI认为，对待这样的犯罪分子最好的办法就是不激怒他们，尽量满足他们提出的要求。

也许有人会对FBI这种近乎懦弱的消极行为嗤之以鼻，但从事态最终的结果来看，这些人的想法明显是片面的。当FBI答应了对方的要求后，对方心理上会感到一些安慰，并放松了对FBI的警惕，殊不知，FBI就是有效抓住了对手短暂的放松期，对其采取了致命的打击措施。

2001年,在美国新泽西州的一家银行内,发生了一起持枪抢劫案。一名蒙面劫匪正在用手中的来福枪指着银行工作人员,并命令他们将钱放到布袋中。拿到钱以后,蒙面劫匪想逃跑,可却被周围的警车包围了,对此,他将一名银行工作人员劫为人质,并大声喊道:"限你们在三分钟之内准备一辆车,否则,我就杀死她!"面对穷凶恶极的劫匪,经验丰富的FBI意识到此时的歹徒处于愤怒中,为了人质的安全,不能激怒他。于是为他准备了一辆汽车,随即劫匪劫持着人质钻进汽车消失在警察的视线外。

当劫匪驾车行驶了2个小时后,见没有警察的追赶,内心开始窃喜,也放松了警惕,于是决定将车停在路边休息一会。当他停下车,准备拉着人质一同下车时,却被一副冰冷的手铐铐住了双手,这个过程前后时间不到3秒。劫匪被突如其来的意外镇住了,久久不能回过神来。

当劫匪被带到审讯室时,他仍然不解地问道:"是谁将我的双手铐了起来?"

"铐住你双手的人是FBI!"FBI义正词严地说道。

"呃……,可是我驾驶的汽车只有我和人质两个人,况且我已经将车子开出很远的距离,也没有人追踪,你们怎么可能如此迅速地抓获我呢?"

FBI笑道:"其实我们为你准备的那辆汽车的后备箱中就藏有一名FBI,他能实时接收到我们发给他的指令。当你看到没有警察追赶你时,你便放松了警惕,当你停下车,就为我们成功抓捕提供了一个千载难逢的好机会。"

可以看出,FBI首先满足了为劫匪提供逃跑车辆的要求,然后用让劫匪主动放松警惕的心理策略,最后成功将劫匪缉拿归案。

8 以柔克刚的心理策略

以柔克刚是FBI在实战中操控对手心理的一种战术。FBI的一位资深心理学家曾说过："与对手交锋时有效操控其心非常重要，而有效驭人的关键在于是否能做到以柔克刚，因为它是对一个人进行心理操控不可或缺的策略。"那么FBI是如何运用以柔克刚的策略的呢？

（1）循循善诱地说服胜过激烈粗暴的批评

美国心理研究学会研究表明，当一个人受到别人激烈的批评时，内心会产生极大不悦，非常有可能与批评他的人发生冲突。很多人都有过这样的体会，本来明知道对方是好意劝解，可对方总是用激烈粗暴的批评刺激着自己的神经，致使争吵升级，最终，对方的好意劝解没能发挥出作用。FBI认为，想要使好意的劝解发挥出最大的效果，不妨采用循循善诱的说服的方式，因为这种方式更容易让人接受，也更容易说服对方。

FBI在实战中就曾出现类似的一个案例：

这一天，纽约市政府的门前聚集了上百名抗议者，这些抗议者抗议纽约市政府将公务员的工资降低5%。为了防止事态发展得越来越严重，FBI决定对这些抗议人群实行劝解。于是几名FBI走到抗议人群中间，大声说道："大家不要着急，市政府降低公务员工资不会持续太长时间，目前只是为了缓解政府收支的不平衡才作出这个决定的。"

忽然从人群中爆发出这样的声音："都是骗人的鬼话，市政府只是在拖延时间！"

"请你们要相信政府，我以政府议员的身份告诉大家，只要政府渡过暂时的难关，将如数返还被降低的工资。我希望大家不要用抗议的方式表达内心的不满，因为这样对解决问题起不到任何作用，我建议大家还是离开这里，留意政府的公告吧。"抗议人群在听完FBI的话后。此前义愤填膺的情绪消失了大半，最后在FBI的耐心劝解下，抗议的人终于收拾好抗议的条幅离开了市政府。可以看出，正是FBI循循善诱地说服起到了作用。

（2）温暖的话是谁都不能拒绝的力量

每个人都喜欢听到温暖的话，因为温暖的话不仅能激发出一个人内心的温情，还能在心理上拉近双方的距离。前FBI特工罗伯特·K.雷斯勒曾表示："任何人都很难拒绝温暖的话，温暖的话语具有说服人、操控人心的魔力，因此，它是操控人心的最重要的心理战术之一。"为此，罗伯特·K.雷斯勒讲述了他在FBI服役生涯中经历的一件事：

这天，总部派我到费城执行一项调解矛盾的任务。被调解的双方是当地的两家机械公司，因为产品的定价问题，两家公司吵得不可开交，其中一家公司认为，对方公司将生产出的产品以很低的价格出口到其他地区的做法违反了价格法的规定，而对方公司却认为自己生产的产品完全是按照市场竞争规则进行销售的，与联邦政府制定的价格法根本不冲突。于是双方对此展开了激烈的争吵。在我了解到这些情况后，意识到要想化解两家公司的矛盾，必须要通过和平说服的方式解决。为此，我分别会见了两家公司的负责人。我对第一家公司的负责人这样说道："非常高兴地看到贵公司如今取得如此令人瞩目的成绩，这与您的有效经营是分不开的，如果能与其他公司进行合作的话，我想贵公司必定能迎来更大的发展空间。其实我也听说贵公司与另外一家公司因为价格发生了争吵，但在我看来，对方并不是故意将价格压低，而只是他们的一种营销策略而已。"

当我找到另外一家公司的负责人后，也说了类似的话，并从中牵线搭桥，让两家公司的负责人坐在一起心平气和地解决出现的问题。在我的介绍下，两位负责人彼此打过招呼后，开始谈起产品价格方面的问题。在交谈过程中，两个人对各自公司的发展现状与规划都作出了说明。他们发现自己公司的发展规划与对方公司存在一定的相似性，于是越聊越投机，最后竟然握起了手，当即"化敌为友"，并展开合作，共谋公司发展大计。

那么是什么因素使他们"化敌为友"的呢？在我看来，是温暖的话语。因为从他们的交谈中，我听到这样的言语："实在不好意思，都是我们公司为了提高销量而压低产品价格，却没有顾及到你们公司的感受，实在抱歉。"、"其实并不完全是你们的错，我们公司对价格太过于敏感了，因此，我们要改正。"可以听得出，两家公司将此前的激烈争吵改变成用温暖的言语沟通的方式不仅化解了矛盾，还进行了合作，可以说这是温暖的言语发挥了作用。

可见，从FBI的实战经验中可以看出，循循善诱地说服以及温暖人心的话语是有效地化解问题、平抚人心的心理策略，是对别人实施心理操控必不可少的因素，通过对FBI这种以柔克刚的技巧的学习，可以使我们在操控人心上体会更深层次的效力。

Part 06

收买人心是个好套路——
FBI笼络人心的策略

FBI前局长胡佛曾经说过:"与对手交锋首先要学会收买人心,其次是将收买人心的策略不断运用到实战中。"的确如此,FBI在实战中就是通过各种笼络人心的策略和技巧成功地掌控了对手的心理,并对其进行心理操控。同时,FBI在实战中通过不断摸索总结出的笼络人心的策略也为人们学习心理操控术提供了指导。因此,人们有必要将这些笼络人心的策略运用到实战中,这才是实施心理操控的关键。

出丑效应——故意将自己的劣势暴露给对方

据美国心理研究机构出具的一份研究报告表明，大多数人在内心深处都希望自己是无人能够替代的，因为他们不想看到别人比自己强，这似乎是人的天性。如果别人比他们的优点多，他们在忌妒的同时，也会对这个人虎视眈眈，如此一来，比他们优点多的人每天都处于被人忌妒，或遭受虎视眈眈的危险处境中，势必不能安心地工作、生活。为了摆脱这种状态，FBI建议，这些人要学会"出丑"，也就是故意向对方暴露自己的劣势，这样对方心里的忌妒之情才能被化解。

FBI通过实践，摸索总结出一套能收买人心的心理策略：在很多人看来，人的心态往往是不平衡的，总希望别人处处不如自己，内心才会感到满意，因此，从这些人的这种心理特征入手，运用出丑效应，往往能收到意想不到的效果。因为当这些人看到别人出丑后，心里会得到一定程度的满足，潜意识里也认为别人不如自己，这样他们的心理便平衡了，自然而然会与不如自己的人成为朋友。

FBI现任局长罗伯特·穆勒也认为，在国际形势越来越严峻的情况下，我们在与对手展开交锋时，不应该表现出处处比对手强的姿态，而是要敢于出丑，也就是将自己的缺点故意暴露给对手看，以迷惑对手，从而收买对手。为此，他极力倡导所有FBI要认真学习并实践出丑效应。那么FBI在实战中究竟通过哪些方法实践出丑效应呢？

首先，FBI从来不将自己的优点外露。FBI认为，最好不要将自身的优点暴露在外，因为不排除一些人对这些优点存有异议。FBI心理研究中心的一位前辈表达了自己的观点："拥有优点固然利于个人成长，但尤其需要注意的是，不要随时随地将自身的优点暴露在外，因为这样可能会招致一些人的轻视。有时甚至有生命危险。"紧接着他讲述了发生在美国加利福尼亚州的案例：

一家银行董事会决定在该银行内部公开选拔一位银行财务总监。经过激烈的角逐，有两个人成为候选人，由于两人都是银行的业务骨干，且都拥有相当丰富的工作经验，因此，银行董事会一时很难作出决定。为了能让银行董事会尽快作出决定，第一位候选人使出浑身解数将自己的优点表现出来，并在其工作过程中不停地将这些优点暴露给同事。为此，银行同事以及董事会看到了这个人很多的优点，认为他是财务总监的最佳人选，可这一切都不像人们想象中的那样。

这位候选人在晚上回家途中遭到不明身份人员泼硫酸，其全身90%的皮肤被灼伤。银行董事会听到这个消息后立即展开调查。令所有人感到难过的是，泼硫酸的人竟然是另外一位参加财务总监竞选的人。当问及他为何用如此残忍的方法时，这个人冷冷地说道："他的优点比我多，这无疑会成为阻碍我当选财务总监的阻力，为了能成功当选财务总监，我才出此下策，因为只要他残疾，就不会再出现比我强的竞争对手，我就能顺利当选财务总监。"由此可以看出，那个不断将优点外露的人最终换来的是全身90%的皮肤被灼伤的悲剧。

其次，人要敢于故意出丑。鉴于一些人心里存有"别人比我强，我就不平衡"的心理，他们会为了让自己心理平衡，就故意在别人面前出丑。比如可以通过自嘲的方式说道："我简直太愚蠢了，竟然错失了如此好的机会。"、"这下我该怎么办呀？谁能帮助我？"由于自己的故意出丑，换来了别人的心理平衡，所以别人会愿意自发地对其实施帮助。

美国好莱坞曾有一位明星，由于涉嫌贩卖毒品，而受到FBI调查。但FBI并没有找到能证明这位明星贩卖毒品的有力证据。对此，FBI意识到，获得证据的最好办法就是能接触到这位明星，并得到他足够的信任。于是通过特殊关系，FBI伪装成明星经纪人接触到了这位明星。FBI在与明星的交往中发现，这个明星非常反感比自己演技好、能力强的人，更不喜欢能说会道的人。抓住明星的这种心理后，FBI在明星面前表现得非常低调，任何事情都会听从明星的意见，甚至常常故意在明星面前出丑。久而久之，明星自然而然地认为自己是最聪明的人，而这个经纪人也是自己所需要的搭档。于是，明星将很多重要的事情都交给这名经纪人去打理，甚至还将参与贩卖毒品的事实和毒品藏匿的地点告诉了经纪人。当FBI准确掌握毒品藏匿地点后，随即用无线电向总部报告了毒品藏匿地点。没过多久，当大批警察出现在明星面前时，这个明星瘫坐在地，此时的他竟对于警察迅速找来惊讶不已。

最后，出丑也是一种笼络人心的有效方式。当一个人故意将自己的劣势暴露给别人，别人内心会产生优越感，认为对方的处境要比自己差得多，内心就会感到满足。在这种情况下，我们就很容易达到笼络人心的目的。FBI认为，想要收买更多的人心，就可以把自己的短处暴露给越来越多的人。英国喜剧泰斗罗温·艾金森就是这样一位善于在公众面前出丑的人。他所饰演的"憨豆先生"的形象被很多人所熟知，剧中的憨豆先生就是通过恶搞的方式将出丑效应运用得淋漓尽致，从而赢得了观众的喜爱，这不能不说是一种讨观众欢心的最佳方式。

　　因此，如果我们要笼络到人心，就需要在对方心理上多下功夫。而我们只有将出丑效应有效地运用开来，才能有效做到收买人心的目的。FBI也正是通过把这样的出丑效应运用到实战中，从而有效地操控了对手的心理。由此可见，出丑效应确实是有效笼络人心的一种心理操控术。

2 喜好原理：对方总愿和与自己有共同语言的人交往

美国一所心理研究机构对200名社会不同群体进行的人研究，研究他们彼此在社交中能否尽快熟悉并成为朋友，研究发现，能尽快熟悉并成为朋友的人大多都有着共同语言。

有多年实战经验的FBI认为，致使两个人产生信任并无所不谈的关键因素是双方有共同语言，缺少这一因素双方就很难实现互信，从而无法继续交往。"很难想象，两个没有共同语言和共同兴趣的人如何拉近心理上的距离而成为朋友。"这是一位为FBI服务30多年的心理操控高手所说的话。他认为，每个人在内心深处都喜欢和与他们有共同语言的人交往，这样交往起来会更加融洽，从而拉近了彼此间在心理上的距离，达到洞察对方的心理变化的目的，最终达到笼络人心的目的。

此外，他还解释道："当今社会上越来越多的人对陌生人或与他们没有共同语言的人会表现得非常冷漠，更不可能与他们成为知心朋友。但如果两个有共同语言的人相遇时，情况可能就大不一样，双方能尽快建立起友谊，最终向对方敞开心扉。"其实从FBI成功对别人展开的心理操控术来看，FBI每一次与对手博弈时都能达到令人满意的结果，因为他们能把握对方"喜欢与自己有共同语言的人交往"的心理，那么FBI在与别人相处时是如何做到这一点的呢？

(1)认真聆听对方的诉说，从中找出共同语言

也许有些人都有过这样的抱怨："我非常想与对方成为朋友，但总是找不到共同语言，更不知道如何切入话题。为此，我非常纠结，问题到底出在哪里呢？"为此，FBI给出的答案是"没有认真聆听对方的诉说"。在FBI看来，在聆听别人诉说时，能否做到认真聆听直接关系到彼此是否能继续交往。也就是说，如果一个人对别人的诉说持反感态度，那么这个人是很难与其有共同语言的，更不要说成为朋友了；而如果能做到认真聆听，不仅能在聆听中找到彼此间的共同语言，还能让彼此成为知心朋友。

几年前，美国纽约市中心广场接连出现数起持枪抢劫案件。据目击者称，持枪抢劫人员的年龄在二十岁左右，虽然该团伙成员年龄普遍偏小，但作案手法却非常老练，且有着非常强的组织纪律。据多位被抢人员称，这个抢劫团伙每次抢劫得手后很快便消失得无影无踪。据相关统计，这个团伙累计抢劫次数高达两万次。对此，FBI将其戏称为"抢劫专业户"。

事实上，FBI已意识到这个团伙背后一定有强硬的靠山。于是对该团伙展开了深入的调查。在调查中得知，这个犯罪团伙的头目是名40岁左右的意大利籍男子，此外，FBI还得知这名男子的脾气非常暴躁，经常对手下人拳打脚踢。了解到这些情况后，FBI决定装扮成"抢劫犯"加入该组织。

在FBI顺利打入到该组织的内部后，首先要掌握该组织头目的具体藏身地点，可总是没有机会。令FBI感到幸运的是，该组织很多成员对组织头目的行为非常不满，其中一个人压低声音对乔装的FBI说道:"每次抢劫成功后,老大总是把抢来的财务占为己有,从来不分给我们,有一次我向他要求平分抢来的财物,他竟对我大打出手,还打掉了我两颗门牙。"乔装的FBI意识到这是笼络该组织成员的一个千载难逢的好机会,于是对这名成员的遭遇表示同情并感叹道:"我们的性格一样,都喜欢打抱不平,我也曾因为要求分赃的事情与老大争吵,结果也被他暴打一顿。"当FBI说完这些话以后这名组织成员拍着FBI的肩膀说道:"好兄弟,看得出,我们都想拿到那份属于自己该得的财物,我们只有团结起来才可能实现。"就这样,FBI通过此方法又继续笼络了该组织的其他成员,以至于所有人都将矛头指向了该组织的头目,最终该组织被迫解散,FBI没费一枪一弹就抓获了该组织的头目。

(2)即使没有共同语言,也要假装有

为了能笼络人心,必须要与对手在心理上产生共鸣,而这需要双方有共同语言才能实现。在FBI看来,如果实在没有共同语言,也要装作有共同语言,这样才能实现笼络人心的目的。

为了验证共同语言对笼络人心产生的影响,FBI心理研究小组曾进行过这样一个测试:将不同性格的一群人以两个人一组的方式分成若干小组,让他们分别在一间伸手不见五指的房间里进行交流,看哪个小组在伸手不见五指的房间里待的时间更长。从参加测试的100个小组的表现来看,最终只有15个小组在这样的环境里交流的时间超过半小时。当问他们是通过什么样的方式坚持如此长的时间时,这些人表示:"只要我们两个能在伸手不见五指的房间内不停地交流,就能缓解彼此内心的寂寞。虽然最初同伴的话题并没有引起我的兴趣,但我还是装作认真听的样子,这样对方的话也就越来越多,并坚持了半个小时。"可见,他们两个就是通过自造共同语言的方式坚持了半个小时。

(3) 围绕别人感兴趣的话题进行沟通

很多时候，人们愿意和与自己有相同见解的人沟通与交流。由于人与人之间在家庭背景或是个人成长经历以及个人素质方面都存在一定的差异，因此并不能完全保证每次都能找到有相同见解的人。为了避免这种情况的出现，FBI建议人们，虽然个体之间存在一定的差异，看似不容易找到与自己有相同见解的人，可实际上可以换个思维，找到别人感兴趣的话题再围绕这个话题进行沟通，从而实现笼络人心的目的。

围绕别人感兴趣的话题进行沟通就是以别人为"中心点"，毫不动摇地顺着他人的思路进行下去，在沟通的过程中逐渐找到双方相同的见解。比如，对方与你讨论国际热门话题时，你应该顺着这些问题与对方进行探讨，在探讨过程中不要更改话题，这样对方才会在心理上拉近与你的距离，也认定你是个与他有着共同思想的人，笼络人心的目的也因此而实现。

在一架从纽约飞往巴黎的航班上，FBI奉命追捕一位进行跨国走私的犯罪分子。狡猾的犯罪分子已经通过整容手术改变了此前的容貌，一般人很难认出他。这无疑给FBI的抓捕工作带来了困难。

在这次长途飞行中，FBI与一位头戴鸭舌帽、手拿公文包的人攀谈起来："这位先生气宇不凡肯定是个干大事的人。"

"哪里，哪里，只是做些小生意养家糊口而已。"生意人笑道。紧接着，生意人说道："我在巴黎还有一批产品，如果你感兴趣，我可以介绍给你。"

FBI说道："我对生意也非常感兴趣，你说的是什么产品呢？"

"是我从美国华盛顿走私来的一批电子产品。"生意人压低声音说着。

听罢此话，FBI顿时精神起来，在他的头脑中此刻正掠过一个被追捕的跨国走私的犯罪分子。为了不打草惊蛇，FBI继续围绕着电子产品的话题与生意人进行交谈。并承诺到达巴黎后便买下这批电子产品。生意人也感到非常意外，因为他此前从没有遇到过像这位FBI如此痛快的人。就这样，生意人对FBI产生了好感，也因此向FBI讲述了更多走私的事情。FBI此时也意识到，自己要尽量笼络这样生意人的心，于是继续和生意人就其感兴趣的话题进行交谈，双方越聊越投机。

飞机抵达巴黎后，生意人就将FBI带到那些走私物品的藏匿处，FBI看到眼前这些走私物品正是他们苦苦寻找的物品后，在人证和物证俱全的情况下，FBI迅速用手铐铐住了生意人的双手。

以上这些方法都是FBI在实战中摸索出的心理操控术，同时也通过在实战中取得的成果给予人们更多启示。

Part 06 收买人心是个好套路——FBI笼络人心的策略

3

降低自己身份，抬高对方身价
——笼络人心最实用的心理战术

FBI认为，在与人交往的过程中，适当地贬低自己，捧高对方，让对方在心理上有一定的优越感，这不仅能让别人放松对自己的警惕，还能起到笼络人心的作用，以便掌握对手内心的真实想法。

在FBI看来，笼络人心是对别人实施攻心策略关键的一步，因为它可以在很大程度上消除对方的防御心理，让他们的心理完全暴露或掌控在你的手中。此外，FBI通过长时间研究发现，大多数人都希望得到别人的重视，所以在与人相处的过程中需要时刻激励或捧高对方，以达到满足或迎合别人虚荣心的心理需求，从而拉近与别人之间的心理距离，实现笼络人心的目的。

FBI在培训新成员时往往会用"跷跷板原理"阐述笼络人心的重要性。

跷跷板对很多人来说并不陌生，当跷跷板一头贴地，它的另外一头肯定会悬在空中。FBI认为，"跷跷板原理"同样可以运用到与人交往的过程中。如果一个人总是使自己保持在跷跷板紧贴地面的那一头，那么另外一头的人可能会因为被高高抬起而感到愉快，更重要的是，他的内心能体会到被尊重与高高在上的感觉。这种通过贬低自己抬高别人的方式，可以让自己得到别人的信任和爱戴，如此一来，自然就能达到洞悉别人心理的目的。

这就好比我们在现实生活中经常听到这样的对话：

"才几个月不见，听说你升官发财了，真是可喜可贺！"

"但和您叱咤商场取得的成功相比简直不值得一提。"

"听说你攻克了一个医学上的难题？"

"但如果缺少您研发的高精度医学设备作为技术支持的话，我也根本不会攻克这个难题。"

可见，这些通过贬低自己捧高别人的话语在一些特定的环境中是很能派上用场的。

FBI认为，很多时候，我们如果能做到顺水推舟，不仅为自己赢得良好的人际关系，还会使对方主动拉近与自己的心理距离，从而为心理操控术的实施奠定了良好的基础。比如：某位领导在进行工作指导时，说道："从该产品的市场反馈来看，消费者对该产品已经认可，但美中不足的就是产品包装还有待提高。"此时也许会出现两种不同的声音，第一种声音："您是知道的，该产品包装已经拿给很多家设计公司做过，他们也提出过对产品包装的创新，可是，从目前产品销量的情况来看，消费者认同的是产品，而不是产品包装，所以，没必要对包装进行调整。"

第二种声音："经理说得没错，产品销量确实非常乐观，但从长远角度出发，为了提升产品的竞争力，有必要对产品包装进行更新换代，这样才能吸引更多消费者，所以，我建议公司所有部门要认真落实产品包装更新的工作，为公司发展作出努力！"明显地看出，听了这两种不同的声音后，对领导而言，更愿意接受第二种声音，因为第二种声音不仅没有使领导的威严扫地，还无形中抬高了领导的身份。

再来看看FBI通过降低自己身份、抬高对方身价以收买人心的经典案例：

由于美国加利福尼亚州经济比较发达，所以吸引了很多地下钱庄聚集于此，但却极大地扰乱了当地的正常经济秩序。为了尽快取缔该地区这些非法的地下钱庄，维护该地区正常的经济秩序，FBI决定派出一名经验丰富的特工化装成一名"生意人"潜入地下钱庄。

通过伪装与潜伏，"生意人"顺利地进入到地下钱庄。这些地下钱庄集高利贷、洗钱、非法集资于一身，每天来这里进行交易的人络绎不绝，但最大的受益者还是那些隐藏在其背后具有黑社会性质的那些大财团。FBI意识到通过常规的方法是很难清除这个组织严密、资金分布广泛的黑社会财团，于是决定对其展开心理攻势。

首先，FBI通过中间人找到钱庄幕后负责人，随即递上一份沉甸甸的礼金以示友好，与此同时这位FBI还对他阿谀奉承了一番。

而钱庄负责人也笑纳了这份礼金。在接下来的一段时间，FBI又用同样的方法讨好这位负责人。随着时间的推移，钱庄负责人对"生意人"的警惕性逐渐消失，把"生意人"当成"自己人"，并向他透露了钱庄的组织结构。

FBI扮演的"生意人"经过三个多月的潜伏，已经将这个地下钱庄的组织机构及人员安排情况调查得一清二楚。随即秘密地与总部取得联系，告知地下钱庄的具体位置及交易时间，最终在FBI总部周密的安排部署下，成功地将这一黑社会财团一网打尽。

每当这名FBI回忆这场惊心动魄的斗争时都会感叹："这些地下钱庄的头目警惕性非常高，他们不会轻易相信一个人，但他们自身也有致命的缺点——喜欢别人抬高自己，于是，我抓住了他们这个致命的缺点，对其展开了心理攻势，最终赢得了他们的信任，并一举端掉了这个破坏当地经济秩序的犯罪组织。"

实际上，类似的案例还有很多，FBI在每次与对手交锋的过程中都能成功地打击犯罪分子，并在"降低自己身份，抬高对方身价"这种策略的帮助下，始终能达到笼络人心、操控他人心理的目的。

4 笼络人心就要帮助对手解决后顾之忧

FBI第二任局长路易·帕特里克·格雷曾表示："与对手交锋时，为了能笼络其人心首先就要帮助对手解决后顾之忧，以此来换取对手的信任。这在实战中确实是一个操控人心的好方法。"

路易·帕特里克·格雷认为，每个人或多或少都会遇到难题，这些难题势必会将他们弄得焦头烂额，此时他们非常希望有人能帮助他们。因此，在这种情况下，谁能帮助他们解决后顾之忧谁就能笼络他们。为此，路易·帕特里克·格雷总结出一些帮助对手解决后顾之忧的技巧：

（1）细心留意对手的一举一动

在日常生活中，养成细心观察别人的习惯尤为重要，这也是FBI在实战中必备的素质。FBI认为，细心观察一件事或一个人，更透彻地了解这件事或这个人，这样无疑为下一步行动奠定了良好的基础。

（2）帮助对手找出困扰他们的人或事

如果你细心观察你的对手的举动，会发现他们有时会被一些人或事困扰，在这种情况下，对手被搞得晕头转向，甚至失去了独立思考的时间。为此，他们才会被这些人或事牢牢地控制而脱不开身。FBI分析认为，此时的他们内心非常希望能有人帮助他们，一旦帮助他们解除困扰，他们将会从心里感激你。比如，公司的领导遇到了难题而一时又找不到问题所在，如果此时有一名员工能及时提醒领导出现的问题，领导在心存感激的同时，也会对这名员工刮目相看。由此可见，在我们力所能及的范围内帮助他人的同时，也能笼络其人心。

（3）切实帮助对手解决后顾之忧

我们在发现困扰对手的人或事后，就要切实帮助对手解决这些问题。FBI对此强调："只有为对手提供解决问题的方案，或直接为他们解决问题，才能让其产生感激之情，从而起到收买人心的效果。"

而FBI在多次实战经验中通过为对手解决后顾之忧的方式成功地笼络到对手的心，并使心理操控术得到有效运用。

美国社会虽然对枪支使用有严格的规定，但总是避免不了枪支犯罪行为的发生。这一天，纽约市中心的一条街道上传来两声枪响。据目击者反映，一名持枪的犯罪分子将一名银行经理打倒在地。几分钟后，FBI便赶往事故现场，并封锁现场。在接下来的调查中，FBI将犯罪分子留下的脚印与犯罪数据库中的数据进行对比，经过对比后他们将犯罪分子锁定为一名叫杰克·劳斯的男子。此外，FBI还发现，这名男子在八年前就曾因持刀抢劫而被判入狱。

正当FBI计划用何种方法追捕这名疑犯时，FBI总部却收到了一封匿名信，信中大致的意思是让FBI当晚11点到纽约大街18号会见一个人。FBI当晚就按照匿名信中的地址赴约，到达相约地点后，只听见有人说道："其实我就是枪杀银行经理的犯罪分子，也是你们追捕的杀人凶手——杰克·劳斯。我约见你们的目的就是想请求你们的帮助，因为我也遇到了麻烦。"FBI将信将疑地盯着这名犯罪分子。他接着说道："你们可以对我表示怀疑，但我要告诉你们的是，我们的头目正计划着6月中旬对美国花旗银行实施抢劫。请你们务必要相信我。"

FBI不解地问道："为什么你要实施犯罪？还枪杀了银行经理？莫非你与他有什么深仇大恨？"

"这都是我的头目逼我干的，如果我不服从他，他将会杀了我的妻子，我的妻子现在仍在他手里，迫于无奈，我才走向犯罪道路。"这名犯罪分子无奈地说道。紧接着，他继续说道："其实我现在最担心的就是我妻子的生命安全，如果你们能帮我解救我的妻子，我将会把这个持枪抢劫组织的名单和他们藏匿的地点都告诉你们。然后我再对我犯下的错误负责任。"FBI听完犯罪分子的话毅然同意了他的请求。因为他们一直想将这个危害社会的持枪抢劫团伙一网打尽。

第二天，FBI便派出了几名特工按照这名犯罪分子提供的藏匿他妻子的地址对其进行了解救，当这名犯罪分子看到妻子安然无恙地站在自己眼前之时，他对FBI说道："既然你们解决了我的后顾之忧，接下来我要帮助你们端掉这个抢劫团伙！"在这名犯罪分子的帮助下，该持枪抢劫团伙的头目很快便被FBI抓捕，该团伙的其他成员也在不久后被FBI缉拿归案。

由此可以看出，FBI正是通过帮助对手解决后顾之忧，笼络其人心，才成功端掉这个犯罪团伙的。

5 巧妙赞美对手的缺点以达到笼络人心的目的

FBI心理研究中心的一位负责人曾说过:"每个人都有缺点,很多缺点还被隐藏得很深,但如果能巧妙赞美这些缺点,就能为笼络人心提供必要条件。"

众所周知,喜欢被别人赞美是人的一种天性,大多数人都喜欢得到别人的赞美,而不喜欢别人对自身的缺点进行评价。FBI认为,要得到别人的信任,就要善于赞美他人,善于夸赞他人的长处,而想要达到笼络人心的目的,更要赞美对方缺失的一面,也就是对方的缺点。

FBI通过多年对人的心理的研究表明,人并不能完全了解自己,人的内心世界就好比一块玻璃,有四个不同的区域:

公开区:自己知道的,别人也知道的个人信息,例如一个人的姓名、年龄、家庭住址、身高等信息。

隐蔽区:自己知道的,别人却不知道的内心。例如,一个人内心的秘密与想法等。

完全封闭区:自己和别人都不知道的信息。比如一个人具备的无法预知、判断的潜能。

盲区：自己不清楚，别人却知道的信息，比如初次见面，自己给别人留下的印象等。

根据这个理论，如果我们能找出连对方自己都没有意识到的优点，并对其优点进行赞美，甚至赞美其缺点，那么，就能轻易笼络对方的人心。

FBI总能通过巧妙赞美对手，从而达到快速笼络人心的目的。

在一次交际晚会上，FBI看到一名女子独自在角落里喝着香槟，看上去非常拘谨，好像不习惯这样的交际场所。此时，FBI便主动上前与这名女子打招呼："朋友，你看上去有些不自在，但我看得出，你在与朋友们交往的时候表现得非常活泼开朗，你的朋友肯定都是这样认为的。"

"你是怎么知道的？的确，我与熟悉的朋友在一起时会表现得非常热情。"

"看来我的判断没有错。"

就这样这名女子很快便被FBI吸引，两人越聊越投机，甚至有一种相见恨晚的感觉。在如此短暂的时间内，FBI就通过赞美对方缺点的技巧获得了对方的好感。事实上，FBI在交际晚会中发现女子"自己一个人喝香槟，看上去非常拘谨"，于是下意识地判断对方的性格属于内向型，然后主动与之交谈，通过赞美该女子性格的不足之处，拉近了彼此间的距离。

FBI认为，所有人都想拥有自己缺少的东西，这也是人的本性所在。因此，笼络人心的有效方式就是与对方谈论其内心最期待的东西，尤其要赞美对方的不足之处。这样对方内心会感觉到自己的需求被理解，就会很容易信任你。

其实在现实生活中，很多人只是对一个人外在的印象进行赞美，例如：在赞美对方身材高大时就说："你的肌肉真结实，和施瓦辛格一样。"但这种常规的赞美并没有多大的效果。因为很多人都这样赞美。此外，很多人对对方已进行多次类似的赞美，这已使对方的心里产生了免疫机制，所以并不能起到笼络人心的作用。为了避免出现赞美不能达到预期效果的情况，FBI建议，人们可以换个角度赞美对方，让对方感觉你的赞美非常独特。而这个赞美诀窍就是巧妙地赞美对方的缺点。

比如，有很多外表出众的女孩给人的感觉都是高傲的，那么我们在赞美这类女孩时就可以说："听别人说，外表出众的女孩给人的感觉是高傲的，可你却一点儿也不高傲，相反，你是个如此随和的人。"对方听完这样的赞美后心里肯定会很高兴，认为只有你最了解她，从而愿意与你交朋友。

对大多数人来说，在公众场合承认自身的缺点是一件非常痛苦的事，正是因为这方面的因素，当有人将她的缺点当成优点赞美时，她的内心才会由衷地感激赞美她的人。但是，在赞美时一定要注意说话方式，决不能让赞美的话语变成讥讽的言语，否则便失去了赞美的意义。其实在某些时候，一个人的缺点很可能成为优点，这也为笼络人心提供了便利，只要能换个思维，巧妙地赞美别人不曾赞美过的缺点，可以让笼络人心事半功倍。而在实战中，FBI也常常赞美对手的缺点，笼络对手从而有效地对其实施了心理操控。

美国费城的一所大学在不到一个星期的时间内接连发生了5起命案，受害者都是被人从高处推下致死的。命案发生后，该所大学的所有人都处于极度恐慌中。为了恢复正常的教学秩序以及让大学的所有人消除恐慌，该校校长亲自将此案嘱托于一位在FBI服役15年的办案高手。FBI来到案发现场后，对现场进行了勘查，他在勘查过程中发现地上有一枚金色的戒指。于是FBI将这枚戒指拿回总部进行DNA鉴定，鉴定结果表明这枚戒指正是其中一名受害女学生生前所戴。了解到这一情况后，FBI首先将目标锁定在与受害女学生日常关系最为紧密的人身上。通过调查得知，一位名叫约翰·克里的男子与这名女学生关系最为亲密，于是FBI初步将其锁定为犯罪嫌疑人，并将此案判断为一起情杀案。在接下来的时间，FBI四处打探这个人的下落，可是仍然没有音讯。经该校校长反映，这名男子是个神出鬼没、性情非常急躁且杀人如麻的人。FBI从多年的经验推断出这名男子虽然逃跑，但他一定会回来找这枚戒指的，因为这枚戒指能勾起他与受害女学生之间爱情的回忆。为了引诱这名男子，FBI将拾到戒指的事情公布出去，并注明了领取的时间和地点。

可是，一个月过去了，却没人来领这枚戒指，正当所有人失去信心时，转机来了，这天黄昏，一名戴黑色口罩的男子出现在戒指的领取地点——大学教学楼28层楼顶。这名男子神色慌张地走近FBI时，FBI就已意识到这名男子就是制造校园血案的凶手。为了不激怒他，FBI装作很镇定的样子，对这名男子说道："你是来领这枚戒指的？"

"没错，我是受害者的亲属，我要拿回这枚戒指当做纪念。"这名男子漫不经心地说道。

"你的姓名？"

"马丁·路斯"这名男子随口说道。

"你的真实姓名是约翰·克里。"FBI继续说道："据我们了解，你是个非常注重感情的人，也是个讲义气的人，如果有人伤害你的朋友，你便会给予还击。我很钦佩你的这种精神。"这名男子听完这句话后，摘下了口罩，对FBI说道："非常感谢你的赞美，这是我人生中听到的最真诚的赞美，因为在别人眼中，他们会将这些视为我的缺点，还不断挖苦我，为此我感到非常苦恼。"此时，FBI感觉到这名男子心理上已经放松了警惕，并对自己产生了信任，在这种情况下，这名男子最终主动供述了制造校园血案的过程。

　　我们可以从这个案例中看出，FBI在面对杀人如麻的犯罪嫌疑人时，仍能将对手的缺点巧妙地进行赞美，使犯罪嫌疑人被FBI的赞美打动，最终在心理上放松了警惕，并供述了犯罪经过。因此可以看出，换种思维将对手的缺点巧妙地进行赞美能最大限度地达到笼络人心的目的。

Part 06
收买人心是个好套路——FBI笼络人心的策略

微笑效应：可以通过对方的微笑揣摩其心理变化

微笑是人类普遍存在的一种感情变化，也是人类表达情感和内心变化最直接的方式。微笑可以说是人类与生俱来的一种非语言行为。

在日常生活中，人们的面部表情是丰富多彩的，而微笑是最具特征的表情，微笑也是最直观地体现人们内心世界最重要的因素。比如在商务应酬中，人们的脸上会堆满虚伪的笑，目的就是能够获得自己的利益；在老朋友聚会中，人们往往会表现出非常真挚的微笑。从微笑时的表情状态来看，脸上挂满虚伪微笑的人嘴角不会张得很大，而是紧闭着双唇，因为微笑是他们勉强装出来的。那些在老朋友聚会上的人们会表现出的那种非常真挚的微笑，通常是发自内心的，因此他们会张大嘴巴笑，且嘴巴呈圆形。

很多时候，当一个人与陌生人交谈的时候，其往往会保持一种典雅的微笑，如果他们在交谈的过程中产生了共鸣，他们的言语将不断增多，笑的频率也会增加。很多心理专家认为，微笑代表着人们内心世界的情感变化，微笑不仅反映了人的外在表情的变化，更反映了人的内心世界的变化。

基于此，FBI认为，微笑能起到收买人心的作用。但值得人们注意的是，虽然微笑能起到收买人心的作用，但一定要注意微笑的场合，否则将事与愿违。

那么究竟要在什么样的场合下才能让微笑发挥收买人心的作用呢？

（1）当对手取得出色成绩时

任何人在取得出色的成绩后脸上往往会堆满笑容，这个时候他们非常希望有人能与他们分享成功的喜悦。美国心理中心的研究表明，一个人在取得出色成绩后，希望别人也知道他们取得的成绩，此时，谁对他们微笑，谁就可能与他们成为朋友。因为在他们看来，在自己取得成绩的情况下，还能对自己微笑的人是最真诚的、最值得信赖的。由此可见，当对手取得出色的成绩时，我们必须以真诚的微笑予以祝福，这样势必令对手折服。

（2）当对手情绪高涨时

"在对手情绪高涨时对其微笑，是个笼络人心的好方法。"一位经验丰富的FBI如此说道。他认为，在对手情绪高涨时，对其微笑，更易笼络其人心。因为人在情绪高涨时总是希望看到别人对自己微笑，这样不仅能使自己的情绪继续高涨，还能赢得彼此的好感。相反的，一个情绪高涨的人看到别人哭丧着脸一定会十分扫兴。

由此可见，微笑效应是笼络人心的一种有效策略。因此，微笑效应也为人们有效笼络人心提供了有利的帮助。

7 感情投资——笼络人心最温情的法则

在FBI对对手展开的心理操控术中，有一种笼络人心的方法不容错过，这种方法便是感情投资。何为感情投资呢？简单来说，就是用"晓之以理，动之以情"的方式打动对手，让对手僵硬的心被温情融化。

"感情投资可以化干戈为玉帛，是笼络人心最温情的法则"——FBI首任局长胡佛经常强调感情投资的重要性。在他看来，即使是那些铁石心肠的犯罪分子，内心最深处也会存有一定的感情，与这样的犯罪分子交锋时，感情投资的方式才是笼络人心最有效的方式。

那么FBI在实战中是如何用感情投资的方式笼络人心的呢？

（1）多关心对方，与对方成为朋友

感情投资的第一步就是要多关心对方，与对方成为朋友，只有与对方成为朋友以后，才能让对方对你敞开心扉。在现实生活中，很多人一般很难接受一个陌生人给予的关心，因为他们认为这种关心不怀好意，因此，让他们接受关心最好的办法就是与之成为朋友。

FBI心理研究中心的研究表明，每个人都渴望得到关心，但他们对陌生人的关心总是会持怀疑态度，因为他们会感觉关心的背后藏有一定的阴谋，因此会避而远之。鉴于这些因素，胡佛局长提醒所有FBI："当你们对别人进行感情投资时，你们是否能与其成为朋友？在没有成为朋友之前，不要对其进行感情投资，因为此时的感情投资都是徒劳无功的。"

对此，FBI通过对比的方式让人们看到，在实施感情投资的过程中，事先与别人成为朋友的重要性。比如，大街上两个陌生人相遇，如果一个人对另一个人说道："这里人多，请注意看好你的钱包。"虽然这是在善意提醒别人防范小偷，但被提醒的人也许不会这么想，他的心里也许会怀疑提醒自己的人。因为双方在没有成为朋友之前，所有的关心都不会发挥出效果。但如果双方成为朋友以后，这种情况就不会出现。换言之，双方彼此间都有所了解，双方的提醒也才会被欣然接受。因此，在对一个人实施关心时，非常有必要先与之成为朋友，这才是有效笼络人心的前提。

(2)带有感情地劝说对手

现实生活中，每个人内心的想法都不一样，即便是成为朋友以后，也会因为某一件事情而产生分歧。在这种情况下，我们就要围绕出现分歧的问题来判断孰是孰非，如果确实是对方的想法存在偏激，就要对其进行苦口婆心的劝说，直至让对方体会到你付出的感情，对方才会欣然改变其偏激的想法。例如：一个从没有进行过攀登训练的人要去攀登世界最高峰，而且他攀登的决心也非常大，为了避免出现不测，这个人的朋友就有必要对其进行动情的劝说："你攀登高山的心情我们可以理解，可是你可曾想过如果你在攀登的过程中出现不测，我们将会是多么难过，还是留下来好好陪陪我们吧。"如果劝说一次没有成功，还可以继续劝说，直到成功说服对方，相信经过多次的真情劝说后，此前一直想攀登高峰的人也会改变主意。

(3)敢于为对方承担风险

如果对方遇到难以解决的问题,我们应该尽快帮助他们解决,并敢于为他们承担风险,这样才能让他们感受到亲情,从而内心也会被帮助他们承担风险的人"俘获"。

当对方麻烦缠身时,要敢于为他们解围,这样在收买人情的同时,也会笼络到人心——这是FBI前辈们总结出的宝贵经验。这个经验也成为FBI与对手展开心理较量的常用方法。

1968年6月8日,枪杀美国民权运动领袖马丁·路德·金的凶手詹姆斯·厄尔·雷终于落网。一直以来,人们对此都感到非常好奇。若干年后,FBI资深专家、《成为美国联邦调查局探员》的作者霍尔登分析得出结论,在FBI抓捕这名凶手的过程中,就是运用感情投资的方式才将凶手的铁石心肠融化,从而顺利抓捕凶手。

詹姆斯·厄尔·雷在杀害民权运动领袖马丁·路德·金后便潜逃出国,但很快便被FBI列为全球重点通缉的要犯之一。虽然FBI对他展开了严密的追查,但他还是能多次成功逃脱,为了能尽快将他缉拿归案,FBI可谓使出浑身解数,可詹姆斯·厄尔·雷仍然逍遥法外。为此,FBI一位实战经验丰富的特工自告奋勇地接受了抓捕詹姆斯·厄尔·雷的任务。

当这名特工看完詹姆斯·厄尔·雷的卷宗后,他说道:"詹姆斯·厄尔·雷是个异常狡猾,且行事谨慎的人,他不仅对外界的风吹草动保持着很高的警觉性,还是个铁石心肠的人,对付这样的人,唯一的办法就是要用感情投资的方法对其实行心理战术。"此言一出,立即遭到FBI其他特工的质疑:"对詹姆斯·厄尔·雷实行感情投资谈何容易?"

"虽然对詹姆斯·厄尔·雷实行感情投资不是一天两天可以办到的,但我坚信用感情投资的方法对付他比其他方法更为有效。"这名特工自信地说道。

在接下来的一段时间，这名特工便打探詹姆斯·厄尔·雷的下落。可查找工作进行得并不顺利，没有获得一点儿关于凶手的消息。但这名特工还是通过广泛的社会关系与交际能力联系到一位曾为詹姆斯·厄尔·雷办理过护照的人，此人很受詹姆斯·厄尔·雷的器重，并且是他最信赖的人之一。在金钱的诱惑下，这个人向特工提供了詹姆斯·厄尔·雷逃往伦敦的住址，并愿意带这名特工接近詹姆斯·厄尔·雷，并且两个人事先还约定好在詹姆斯·厄尔·雷面前扮演亲戚。当他们来到詹姆斯·厄尔·雷在伦敦的藏匿地点，为了不引起詹姆斯·厄尔·雷对特工的怀疑，这个人谎称特工是自己乡下的亲戚，希望能留在詹姆斯·厄尔·雷身边帮助其处理日常事务。令特工感到意外的是，这名警觉性极高的凶手并没有对自己的身份产生怀疑，于是特工意识到这将为抓捕凶手创造极为有利的条件。

在他们相处期间，特工故意把詹姆斯·厄尔·雷当成自己的朋友，不仅在生活上关心对方，还帮助他解决了很多难题。没过多久，詹姆斯·厄尔·雷也将这位特工当成自己的心腹，还把很多重要的事情交给他办理。此时，特工明显感觉到自己已成功笼络了詹姆斯·厄尔·雷，于是他决定找个适当的机会抓获詹姆斯·厄尔·雷。FBI特工为了制造有利的抓捕时机，他告诉詹姆斯·厄尔·雷要去伦敦机场接见一位非常重要的人物，而此时的詹姆斯·厄尔·雷也没有多想，驾车与其一同来到伦敦机场。殊不知，他离FBI事先准备的法网越来越近。最后，他见到了心腹所说的重要人物——FBI。此时詹姆斯·厄尔·雷意识到自己上当了，可为时已晚。

由此可见，FBI通过对凶手实施感情投资的方式笼络对手的心，从而成功抓捕了凶手，现如今，感情投资的方式已被FBI广泛运用到实战中。

Part 07

识破谎言的心理密码——
FBI识破谎言的心理操控策略

越来越多的人抱怨自己的身边充斥着谎言与欺骗，似乎周围人说的话已很难让人相信。对于这一点，FBI认为，其实当很多谎言被揭穿之后，人们会发现，这些曾经把自己耍得团团转的花言巧语，其实也不是那么难以应对的。而对于谎言的特征，FBI也有自己的应对技巧，更多时候，只需一个微笑、一次眨眼，敏锐的特工就可以据此找出破绽，识别谎言。并且，随着时间的推移、科技的进步，很多从前被人们称之为先进的测谎方式也渐渐被推翻了，与此相对应的，一些与之前截然不同的识破谎言的妙诀也在FBI的探索下诞生了。

1
抓住一闪而过的面部表情
就能识破对方的谎言

面部表情的变化是人与人交流的重要平台，更是FBI盘查嫌疑人、寻求突破口的重要通道。按照生理学显示，人的面部聚集了大量的毛细血管和神经元，感应非常灵敏，一旦人的内心有什么风吹草动，即使这个人的控制能力再好，他也会被自己脸上微微泛起的波澜"出卖"。FBI在面对很多老谋深算、心理素质超群的罪犯时，都会将如何控制罪犯的面部表情作为重点来突击、研究。

对此，心理学家总结了很多能够识破谎言的错综繁复的"面部密码"，其中最容易识别、运用最多的通常有眼睛、鼻子。

其一就是眼睛，绝世奇才达·芬奇曾说过："眼睛是心灵的窗口。"在我们与人交流的过程中，眼神的变化会在不经意间有意无意地流露出我们的真实情感。事实上这和我们的大脑结构息息相关，对绝大部分人而言，左脑控制人体的右躯干，右脑控制人体的左躯干，而逻辑推理、数字符号的处理都是在左脑的支配下完成的，所以，在进行案件调查的过程中，FBI会特意留心受审者的眼睛指向问题。哈佛大学的心理学家表示，人在说谎的时候，他的左脑就变得活跃起来，眼睛也会不由自主地向右上方看。

不论是变幻莫测的面部表情，还是意蕴丰富的肢体语言，抑或是那些有备而来的话语、动作，都比不上从一个人的眼神中流露出来的心理变化多。FBI认为，最容易暴露一个人的，就是他的眼神。因为一个人的眼神中往往不自觉地就流露出他的最真实感受。因为眼睛所指示的方向，就是人最想去的地方，也可以说是他实际脑海中正在计划筹备的下一步。

因此，眼神作为"无解"的测谎手段方才显得弥足珍贵。FBI也认为，在众多的调查手法当中，最值得信任、失误率最低的手段就是观察罪犯眼神的变化。

一直以来也有这样一种说法，就是"撒谎者不敢直视质问的目光"。但这一点在近年的研究中被推翻了，最初，人们得出的结论是，说谎者会刻意掩盖自己说谎的行径，就会故意直视对方，并且试图从对方的眼神中获取信息，以选定自己的下一步计划，这样他就会目不转睛地盯着询问者看。虽然眼神表现得不逃避了，但是却导致眼睛干燥而"眨眼"。此外，来自英国朴次茅斯的研究者发现，"眨眼"也是不可靠的，说谎者会有意使自己的身体处于静态，他们的眨眼次数是可以控制的——由正常人的每分钟23.6次下降到每分钟18.5次。这么说来，当罪犯在撒谎的时候，总会刻意布下一道心理防线，而FBI明白，布防的地方恰恰是罪犯最为敏感、情感最为薄弱的地方，稍稍攻击一下，就可能使得整个调查拨云见日，真相大白了。

类似的成功案例发生在美国著名FBI特工乔·纳瓦罗的职业生涯中。那是一起发生在波多黎各的一家旅馆的纵火案，造成97名无辜者遇难。

根据FBI的调查，旅馆的保安成了FBI重点排查的对象，因为案发地点就在他负责的区域。在审讯过程中，纳瓦罗问了他几个细节性的问题，比如"是否参与纵火"、"案发时你在哪里"、"失火前后你身在何处"，等等。当被问到"案发时你在哪里"时，这名保安的眼睛眨了一下，而问到其他问题时，他都没有反应。由此，纳瓦罗决定将此作为突破口，结果，保安终于供认出：当时自己离开了工作区域，去见自己的女友，事后证明，也就是在此期间，三名纵火犯溜进了旅馆，酿成了惨剧。

除了眼睛之外，鼻子也是暴露人内心恐慌、紧张的重要部位。生理学家指出，由于鼻子毛细血管密布，对外界感应十分灵敏，尤其是在人说谎的时候，血液会在短时间内流到头部，人的鼻子也就随之变大，使人感到不适，产生异样，不由得伸手去抚摸。当然，血液上行，使得鼻头变大，虽然肉眼看不到，要用倍数很高的显微镜才可以观察到，但是由于短时间内充血带来的不适，人就会很自然地抚摸鼻头，这一点却是FBI可以用肉眼看到的。以前备受大家喜爱的《木偶奇遇记》，就上演了主人公每说一次谎话，自己的鼻子就长长一点，这或许是有生理学依据的。

FBI用来考量嫌疑人供词的第三个重要面部表情就是眉毛。比起鼻子，眉毛附近的神经元要少很多，但是它却能很直观地传达出人的喜怒哀乐，比如一个人心情比较舒畅的时候，他的面部肌肉是放松的，眉毛和眼睛之间的距离也就比较宽；当人心里愤怒、焦虑的时候，他的面部肌肉也就比较紧张，眉头便会收起，拧成一团。FBI的经验就是，真实的吃惊所带来的眉头上挑、拧紧，仅仅只会维持一秒钟，超过这个时间段就是硬生生装出来的了。

由此可见，FBI在审讯罪犯时总能抓住其一闪而过的面部表情，从而识破对方的谎言，侦破案件。

2 微笑并不能隐藏真实的谎言

比起那些转瞬即逝的面部表情,笑容的持续时间要长得多,一般情况下,人的笑容往往会超过10秒钟。在日常生活中,笑容是表达友好、消解对方敌意、瓦解目标对象防线的重要手段,也因为操作简单易行,所以被人广泛使用,受到无数伪君子的支持喜爱。就是这日常生活中看似简单的动作,也可以成为FBI侦破案件的关键。

FBI特工在同罪犯的周旋中,也会留意到他们的笑容,最简单的判断方法就是,观察其笑容是否对称,这还是以生理学为基础的。研究人员表明,如果一个人的笑容并非发自内心,而是在强颜欢笑,他的面部以正中划分,呈非对称状。这主要还是因为两个大脑半球对面部肌肉的控制失调所导致——右脑已经传达命令让管辖的那半张脸动起来了,而左脑却还在沉思之中。因此,FBI一旦发现和自己交谈的人歪着嘴笑,抑或是半边鼻翼扩大,FBI就会不动声色地将这一幕记录下来。

事实上,笑容是分为很多种的,从一个人笑的方式也可以读出这个人的性格特点。即使是对经过严密训练的FBI特工来说,罪犯当时在想什么、是否有什么担忧，都能被FBI——"翻译"出来。这一点和心理学密不可分。

FBI认为，以下几种笑的方式是值得人们注意的：

（1）两片嘴唇合在一起，稍稍向里收的抿嘴笑：以这种笑容方式对人的人，其实是带有强烈的自我保护意识的。如果说发自内心的笑容表示接受对方，那么抿嘴一笑就代表着拒绝对方。这样的笑容在女性当中更为普遍，对比男士而言，她们心思更加缜密、内化，也不愿意将自己的所想完全表露出来，于是常常出现某位女士在第三人面前称赞了自己同伴的外衣漂亮后，站到一边抿嘴一笑的情况。对于类似的笑容，FBI常常是看在眼里，记在心头，虽然说话的人没有在意到自己流露了什么样的感情，但FBI是那位第三人，无疑早已对她起了戒心，防范重重了。

（2）气流从鼻翼中流出的笑：如果有人发出这样的笑声，那他一定持有一种否定态度，这样的笑可以类似于"嗤之以鼻"，一方面，对方对你的提议表示了轻视及否定，另一方面，也可以看出，这种人比第一种抿着嘴笑的人更加外化，而且这类人也带有很强的指挥欲望，自我意识很明显。也就是说，这一类人的攻击性是很强烈的，如果需要和他们打交道，就必须多加留神，因为他们往往是冷酷无情的。

（3）呈现出两种不同的表情的"阴阳笑"：特征主要集中在嘴角、面部肌肉、眉头、眼神上面。人的笑容呈阴阳笑时，面部肌肉和正常的笑完全一致，嘴角也会自然上扬，稍稍一看，非常灿烂。但是此时他的眉毛和眼神和普通人笑时有很大差别——这个时候他的眉头是拧在一起的，眼神也不是正常的散视，而是死死地盯着对方，令人感觉如芒在背。这一类人往往狡猾老辣，善于掩饰与伪装，一旦和这种人打上交道，FBI就会分外留神，就好比是心理医生遇见了心理医生，看谁的"功力"更高了。

(4)带有明显间断性的"排枪式笑声"：由于这类人的笑声带有比较明显的间断性，像火枪一样枪弹排射，所以叫做"排枪式"。在FBI特工眼里，惯于这种笑容的人是不真诚的，他们在原本热情洋溢的笑声中掺杂了冰冷的感觉，并且在他们笑的时候，会刻意提高自己的声音，有意使自己显得洒脱开朗。实际上，惯于"排枪式笑声"的人与呈现以上几种笑容的人相比，功利心是最高的，他们在日常交往中也很难结交到真正的盟友，必要关头，脱身自保是他们的第一选择。

有了这些理论当做辅助，阅历丰富的FBI侦查案件时就更有保障，在破获一起错综繁复的绑架案过程中，即使是一个不起眼的笑容，也能帮助警方顺利揪出真凶。

3 一些不经意间的动作就能证实他在对你说谎

在现实生活中,哈佛大学心理学家将人与人之间的交流分为"语言交流"和"非语言交流",其中"非语言交流"占60%-65%,尤其是男女亲密的时候,双方的交流几乎100%属于"非语言交流"。而将这些交流,逐一外化出来,就成了形形色色的肢体语言。以下总结了几个关于说谎的"小动作"。

1. 在观察嫌疑人的时候,双脚也可以作为FBI的重点考察对象

作为人体生理构造的两个极点,大脑和双脚最能代表人的动向,因为大脑用以判断行动,而脚用以执行行动。然而思维是不可见的,所以要观察一个人下一步的动向,双脚就成了考察的重点。FBI认为,人在撒谎时,脚尖是指向外的,也就是说他是在作逃走的准备。因为撒谎带来了恐惧和未知性因素,所以在编造谎言的同时,说话主体也就会不自觉地作了随时撤退的准备。假如我们将这个人的鞋袜都脱掉,还会看到他的脚趾也一直不停地上下翘动着。

2. 从脚部往上,到达手臂,也是一个很值得关注的部位

在一次办案过程中,FBI为了不打草惊蛇,就将自己装扮成普通

客人，坐在和通缉犯邻近的一桌喝咖啡。并找机会和他搭讪闲聊，狡猾的疑犯似乎闻到了警察的味道，起先他还故作镇定地坐在那里，脸上挂满了友好的笑容，坐得也很端正。而细心的警察却看见他将手放到自己的大腿上，脚尖也指向餐厅门口，于是警察明白，对方已经察觉到自己，想要趁机逃跑。研究证明，人在感受到威胁的时候，除了很自然地将脚尖朝向出口方向外，往往还会将双手撑在大腿上，以便顺势从座位上站起来，一跃而跑。

3．除了上述情况，研究者还发现，说谎者往往习惯于用手遮住嘴和脸部

关于这一点的解释比较复杂，心理学家最直观的解释为：人在说谎的时候，他的心理指数是呈下降趋势的，此时他与人交流的气势也是不足的，所以出现了以手遮挡的防御姿势，换句话说，如果一个正常人的心理指数是50，他在说谎的时候，就会下降到40上下，也就是说，这个人心虚了；反过来，假如他做了什么好事，在和别人交流的过程中也会主动，那么这个指数就会随之上升。

这点被FBI运用于案件也是常见的。只要FBI判定眼前的嫌疑人正处于压力之下，那他的大脑不是放松的。

一次FBI抓捕了两名男子，他们因为涉嫌盗窃被捕，据这两人的供述，他们刚刚投身这一行不久，只犯了5起案子，也没有同伙。但FBI怀疑这是一起团伙犯罪，且他们与当地发生的多起盗窃案都有关系。可是将这两名男子分别进行审问后，两名嫌疑人的口供还是非常一致，看不出任何破绽。但随后的一个细节给了FBI信心，证实了他们的观点，最终顺利查出了他们确实是一个多达30人的犯罪团伙。这个细节就是，当警察问其中一名男子"你们一共几人"时，他回答说："就我们两个，我，还有肖恩。"在说这句话之前，他的头一直是半低着的，而回答这句话时，他却将手抚在面部，抬头看了提问者一眼。

就是这个看似很不起眼的动作顿时引起了警方的怀疑。FBI认定,这是一句谎话,回答者试图用面部变化掩盖自己撒谎带来的紧张,同时还希望通过观察警方的态度来确定自己下一步的动向。经过一系列的较量,警方终于查出了这两人背后的犯罪团伙,一举端掉了这个"贼窝"。

从理论的角度总能证实,人在感知压力的情况下总会变得不由自主,这也正是FBI要重点突破的方向。

经验丰富的乔·纳瓦罗给我们讲了这样一个故事:那是一起发生在亚利桑那州的强奸案,经过一系列调查,警方找到了嫌疑人,但是嫌疑人的供词很有说服力,且情节也很合理。嫌疑人说他自己从来没有见过受害人,他在回家的途中并没有停顿过,沿着一片棉花地向左转,然后就直接回家了。在记录供词的时候,纳瓦罗说:"我们一直盯着他,他的每一个细微变化、举动,我们都记录下来了。"在这次问答中,当男子说"向左转"、"回家"的时候,他的手却顺势做了个向右转的手势,而这个方向,就恰恰指向了案发现场。如果不是警方一直观察他,就不会发现他的这一破绽,即语言行为(向左转)和非语言行为(向右转)的不一致,由此,警方就确认这名嫌疑人是罪犯。随后,在一轮更加猛烈的较量之后,这名男子终于交代了自己的犯罪事实。

在这个案件中,嫌疑人一直试图掩盖自己的犯罪行径,虽然他编造出逻辑严密、合乎常理的谎言,但是却被自己的肢体语言"出卖",为警方破案指明了方向。事实上,这样的"失误"并不是由罪犯的粗心大意造成的,因为从他无懈可击的供词、和警方巧妙的周旋当中,我们就知道这是一个智商很高的罪犯,反侦查能力也非常出色。但是心理学家指出,当人在向外界进行描述的时候,他的脑海中首先会有一个成形的图案,也就是说,这个罪犯在描述案发地点的时候,是"按图说话"的。这样，案发地点本已留在真凶的脑海中，已形成挥之不去的记忆，他当时就是沿着棉花地一直走，然后向右拐进了犯罪现场。于是在重述这一过程的时候，疑犯一边重述这个故事，一边编造谎言，扭曲事实，企图掩盖自己的罪行，但遗留在他大脑深处的记忆驱使他顺着事情的原本经过叙述，所以就露出了破绽。

通过心理学家的研究显示，人类拥有两种最基本的本能，一种是自我繁殖，一种是自我保护。罪犯们用谎言来应对警方的询问也是为了保护自己，这种又要说谎、又怕被揭穿的恐惧心理不断地考验作案者的心理抗压能力，并且，在作案过程中总会有一些因素，如作案的环境、作案的工具、受害者的表情等，都会给案犯留下难以磨灭的印象，这也正是他们心理最薄弱的突破口，FBI就是通过一次次寻找、击被这些突破口来达到破案目的的。

在人体医学、生物理论日益发达的今天，科学家还发明了测谎仪，测谎仪是以目标对象在说谎时，由于心理产生强烈波动而导致血压、脉搏、呼吸、皮电阻等产生异常为基础理论的。

4．手部小动作也可以体现出一个人的心理变化

我们常常可以看到，人在公众面前说话尴尬得不知道把自己的手放在哪里；很多人紧张时习惯捏自己的手指，两个手拧成一团；或者还有不知所措的人喜欢折手指，把手上的小关节折得啪啪直响。心理学家指出，通过一个人的手部动作，可以看出这个人的性格，以及他对人的态度等等。

研究发现，人的五个手指中，大拇指是传达一个人性格的最好载体，所以，FBI在观察嫌疑人的时候，通常将大拇指作为重中之重。

众所周知，竖起拇指有很多含义。通常情况下，竖起拇指可以表示感谢、赞扬，而放到自己身上，就体现出高度的自信。比如受到别人的帮助、或者对一个人产生了敬意的时候，都可以竖起你的大拇

指。而有些疑犯在接受调查的时候，也会将自己的大拇指亮出来，这就体现了他强烈的自信心。

　　FBI注意到，有些商场或官场的成功人士，他们都表现得非常自信，在和人握手时，也总是选择将自己的大拇指露在外面。不单单如此，高调、自信的人还有另一个常用的手势，那就是将两只手像搭帐篷那样撑起，手掌并不合拢，只是指尖顶在一起，也不交叉，像一个金字塔。这样的手势给人以发号施令的感觉，同时也能够体现出主体强烈的优越感。FBI发现，常常有这样的人，他们在审问之初，据理力争，咄咄逼人，手也不自觉地撑做金字塔状，直到警方出示证据，拆穿他的谎言时，他们才会马上将双手收回，插进裤兜里刻意掩饰自己内心的不安。

4

FBI的经验之谈：
女性更擅长说谎

据统计，每个人平均一天会说20个谎言，这个看上去是很惊人的，其实对于谎言，也是不能一概而论的，有所谓的"善意的谎言"，也有一些不怀好意的谎言。像一些为了应付的善意的谎言，比如说有一个朋友，一定要请你去他家里吃饭，可是你并不愿意去，但又不能说不去，就会对他说："我刚刚吃过饭了。"这一类谎言在现实生活中已经渐渐被人们接受，比比皆是。最让人唾弃的，就是那些不怀好意的谎言，据统计，在所有的谎言当中，这一类谎言所占比重只有十分之一，通常情况下，人们的谎言都是没有敌意的。

而FBI普遍认为，比起男性，女性更喜欢说谎。

那么为什么女性比男性更容易说谎呢？研究者认为，这是和女性长久以来的社会地位以及性格密不可分的。

一方面是女性爱幻想的心理。因为男女生理上的差异，以及长久以来形成的社会共识，自人类社会从母系氏族社会过渡到父系氏族社会之后，女性就一直处于一个辅助的角色。对比男性，她们没有强健的体力来完成对世界的物理改造，在人类社会中总体上处于一个从属的地位，但是这并不妨碍女性对世界有自己的个人认知与人生理想，当这些抱负并不能真正地付诸实践的时候，她们就容易产生幻想，在自己的幻想中完成自己的抱负。这一点可以从世界上最叫卖的小说作家罗琳身上略知一二：作为史上最畅销的小说，《哈利·波特》本身就是一部关于魔法世界的奇幻小说，所以内容充斥着疯狂的想象力。而从世界范围的小说家群体来看，也是女性在人数上占优。有人说，小说就是一个人的瞎话。由此佐证，女人爱说谎，和自己喜欢幻想有很大关系。

由此，FBI认为，面对女性嫌疑人的时候，一定要从感性的角度着手，而不是单纯的逻辑推理。假如对一位看起来根本没有作案动机的女士，但FBI却感觉她有很大的嫌疑，并且事实上也有一些相关证据证明这一猜测的时候，FBI就会从这名女子的心理现状着手，查看她是否患有精神病史、是否有使用违禁药物如大麻、摇头丸的习惯，一些心理学家也会介入其中，帮助联邦警察分析这名女子的证词是否具有可信度。通常，FBI还会重新再人为制造一个事故现场，模拟案发经过，揣摩女性心理。

另一方面就是女性追求心安的心理。与男性不同，FBI认为，大部分女性说谎的原因还有追求心安的目的。从这个角度来看，女人说谎是没有什么社会危害性的，她们只是在心理上寻求一点儿自我心理安慰罢了。

在一名联邦特工的身上就发生了这样的一个故事：哈维是一名刚刚入职的FBI。一天，他回到家里，进门后闻到了一股淡淡的烟草味，他警觉地把手伸进口袋，向迎上来的妻子问道："家里来客人了吗？"

妻子说："没有。"

哈维又说道："哦，可是这里有很浓的烟草味。"

妻子回答说："我心情不好抽支烟不可以吗？"

年轻冲动的FBI推开妻子，一脚踹开厨房的门，大叫一声："FBI！"这时只见厨房里蹲着他的岳父，嘴里叼着烟斗，手里拿着钳子，正在修理被女儿弄坏的烤箱……

在上面这个例子中，妻子很显然是弄坏了家电不愿意让丈夫知道而说谎，而这名警觉的特工却以为妻子有什么事瞒着自己，结果在岳父面前丢了脸。

总而言之，FBI认为，女性通常比男性更善于说谎，她们的谎言也不容易被揭穿看破，因为相比于男性，她们心思更缜密，她们所编出的谎话到最后连她们自己也深信不疑，认为这才是事情的真相。在日常生活中，她们的谎言大多都不具备危害性。然而FBI一旦在面对女性嫌疑人时，就需要多从她们话语的可信度入手，通常情况下她们会提供一些干扰信息，甚至虚假情报，所以对FBI而言，和女疑犯打交道，是一件难度很大的事。

5 坚定地不移开视线是说谎的征兆

在最初的时候，人们对说谎者有这样一个定义，那就是他们不敢直视对方的眼睛。这一说法在很长的一段时间里，都被人们所肯定，我们常常看到，在质疑别人的时候，很多人会严肃认真地说："你看着我的眼睛"之类的话，但是随着时间的推移，这一判断谎言的方式被渐渐推翻。因为FBI经过多年的研究调查发现，并不是所有人都会因为心虚而避开质问的目光，甚至，还有人会更加坚定地迎上去，造成"我比你更有理的假象"。

从心理学的角度论证，造成说谎本体同质疑者目光对峙的原因有以下三种：

（1）自我气势拔高的需要

哈佛大学社会心理学教授米尔格兰姆指出，人与人之间的交往存在个人"气场"高低的差别，根据FBI调查了多起刑事案件的经验，那些凶残暴虐的行凶者，很多都是普通人的体型，在外表上看，并无过人之处。

这就涉及了被动与主动的问题，当犯罪分子主动进攻时，他们的气场、势头是完全压过了受害者的。同样，在应对联邦警察审讯的时候，这种经验也就转化成了另一种形式，那就是坚定不移地直视审讯者的目光。这样做的好处就是，可以提高自己在对话过程中的主动性。相反，犯罪分子往往不会对联邦警察低头，还会镇定地直视对方的目光，力求在对话中抓住主动权。对这一类嫌疑人，FBI认为，我们要以牙还牙坚决回击，一旦对方试图争夺"高地"，那么我们就要用更加逼人的目光将他们压制下去，以确保执掌审讯的主动权。通常情况下，真正的犯罪分子，他的心理底线是非常薄弱的，一旦发现自己的进攻失败之后，他们就会在瞬间全面崩溃，完全被FBI掌控。

（2）自我辩白的需要

嫌疑人在说谎的过程中，坚定不移地直视审讯者还有自我辩白的用意，这一点和长久以来"做贼心虚"的观点密不可分，通常情况下，做了亏心事的人多半不敢直视审讯者，所以，很多疑犯就反其道而行之，利用死死盯住对方的眼睛的方式为自己辩解、脱罪。

然而在FBI眼中，这种心理颇有越描越黑的嫌疑。因为FBI在和嫌疑犯交流的过程中，他们还会将自己假想成对方，以此来推测对方的心理变化，所以说，这种试图抢先一步占领话语主动权的做法并不明智。当然，这类犯罪分子也属于心理素质过硬、智商较高的群体，和他们周旋是一件费时费力的事情。从这些人的动机上看，他们其实也是利用了心理学来制造假象迷惑警察，但FBI作为最为专业的机构，已经对此做法了如指掌了。

在审讯过程中，FBI会特意与嫌疑人对视，假如这个人仍然死盯着FBI，那么FBI就会在他身上做出相应的标记。

（3）相机而动的投机心理

嫌疑人在受到审讯时眼睛死死盯住审讯者的目的还有一个，就是相机而动。这一点和历来的行军打仗很相似，了解战场上的情报是战事的关键命脉，一旦切断了信息源，那么整个军队就会调转不灵，从而走进一个被动挨打的死胡同。同样，在FBI审讯嫌疑人时，假如嫌疑人低下头去，任凭FBI审讯，那么就等于把自己全部暴露在对方视线之中，完完全全处于一个被动的状态，FBI也就能随心所欲了。所以，在受到FBI审讯的时候，狡猾的嫌疑人通常会抬起头来，故作镇定、若无其事地直视审讯者的目光，即使被叱令低下头去，他们也会想方设法暗中观察对手，以应对一些突发情况。

对嫌疑人这样的心理活动，FBI采取的措施是，用连珠炮式的发问以强有力的势头将嫌疑人的气势压下去，使他处于完全防守状态，或者干脆暂不审讯嫌疑人，给这个顽固分子一定的时间，就在他以为自己侥幸过关的时候，FBI再一次发动突袭，连续攻击他的心理防线。

在审讯犯罪嫌疑人的时候，会有一些来势汹汹的犯人，他们一边质问警方，一边审时度势，留意自己所处的环境，这样，主动权很容易被他们掌握。但是FBI也会针对情况很快给予反击。

FBI不仅能掌握以上三类惯以坚定的目光与其对视的说谎者的犯罪心理。然而，在审讯嫌疑犯时，FBI也不会漏掉那些目光躲闪、心虚气短的人，因为毕竟人与人的心理素质不同，一些老谋深算的犯罪分子会显得沉稳一些，而那些稚嫩的犯罪分子就少了几分淡定。

所以说，这还要因人而异，区别对待。基于此，FBI在同嫌疑犯打交道的时候，更多的是设身处地互换角色来看问题，通过一系列的心理暗战找到目标主体的薄弱点，攻破其心理防线，赢得最终的胜利。

6 有备而来的回答更成为让你看懂对方的说谎讯号

在众多说谎者中，FBI发现，他们大部分都是有备而来的，也就是说，当这些人试图掩盖自己谎言的时候，都会事先找好一个理由，或者编造好一个故事，以此应对发问者的提问。为了看穿他们的谎言，FBI为我们指出了以下几个方向：

(1)有备而来者往往在发言时省去部分他认为敏感、关键的词语

FBI还发现，很多说谎者会在说谎的过程中刻意掩盖自己的存在，因此在其言语表述中就往往体现为"我"字的缺失。这一点在生活中也随处可见，比如丈夫在外面和朋友喝酒，结果很晚才回家，面对妻子的追问，他不得不编造谎言来平息事端。此时的他就会用："车坏了"来应对妻子的疑问。心理学大师保罗·艾克曼指出，如果此时这个人说的话是真的，他就会在句子中加入主语"我"，而不会省略这个让他神经元为之一振的代词。虽然仅凭这一点是不足以判定一个人说谎与否的，但是如果反复在对话中省去"我"这样的词语，那就要引起人们注意了。

(2)有备而来的人从不忘记预先编造好的故事

除了说谎者会刻意掩盖某些令他感到不安的词句之外，FBI还发现，这些说谎者在被问起事情的经过时，从来不会忘记"任何一个环节"，因为他们是按照自己事先编造好的故事来叙述的，并且叙述起来也有板有眼、情节合理、符合逻辑，这也是让警方比较头疼的事。

很多嫌疑人在接受审讯的时候，供词非常恰当、精妙，让FBI很难找到破绽。当然，FBI也给我们提供了这样一个方向：当这些人自以为回答得天衣无缝、合情合理的时候，FBI就会对嫌疑人进行一次又一次的重复提问。

对此，保罗·艾克曼举例说明，当说谎者被问起诸如"我给你打电话时你在哪里"、"今天下午你去了哪里"时，说谎者就会很明确地告诉你："我先是驾车去了表哥那里，在楼下的餐厅和他吃了一顿饭，然后和他一起去看了场球赛。看完球赛我就直接开车回家了。"

怎么样才符合正常逻辑呢？保罗认为，如果这个人没有说谎，那么他在被问起上述问题的时候，会有种突如其来的感觉，由于根本没有提前准备，所以他的回答会是断断续续的，甚至有些地方还会遗忘，如果上面那个去表哥家里的人说的是真话，那么他很有可能这样说："啊，我先是驾车去了表哥家，然后呢？我们一起去看球赛了……哦不是，之前我们还在楼下餐厅一起吃了顿饭。看完球赛，我才开车回家的。"

对这类说谎者，FBI提醒我们，他们很善于迷惑别人，也懂得制造假象，他们的谎言也经得起普通逻辑的推理。但是也正因为经过了刻意的安排和准备，所以在这些说谎者侃侃而谈的同时，听话者稍微一转动脑筋就能识破其中的奥妙，找出对方的破绽来。其实识破谎言最简单的方法就是换位思考，将自己置换到目标主体所处的环境、身份、矛盾当中去，感受他的心理压力，以明确他下一步的动向和实际心理动机。

（3）突然提高音量和音调是有备而来的前兆

在很多情况下，说谎的人历来都是嗫嗫嚅嚅、"不敢高声语"的。但是FBI却有另外一种看法，他们认为，如果说谎者是有备而来的，那么他们常常会不自觉地提高自己说话的音量和音调，以此来制造假象，迷惑对手。

事实上，说谎者突然发出高亢的声音，也是为掩盖自己心虚的一种手段，为了不被别人一眼看穿，他们会先作好铺垫与前奏，事先将自己的底气提起来，这样在与对手的交锋中才能不落下风。

比如半夜里，在丈夫接到一个电话时，妻子会问："这么晚了，是什么人打来的？"

丈夫往往会说出一个男性的名字，继而提高分贝，这样的用意是很明显的，一方面他在给电话那边的人暗示：小心，我妻子就在身边！另一方面他也要说给自己的妻子听：看吧，什么都没有，我说的是实话。在大声说出谎话的同时，也可以大大地提升自己的底气，压制对方。

FBI告诉我们，在这一类神情高亢的说谎者背后，往往藏着一颗极度恐惧、脆弱的心，由于不合时宜的突兀表现，也使得他们的"准备"显得幼稚可笑，所以应对起来也不是很难。唯一要注意的是，对这类试图通过提高音量来控制局面的说谎者而言，他们会事先在大脑中作一个非常快速的准备，也就是说，这类人往往很谨慎。为此，对于他们的高亢我们需要给予正确的反击，一语点破他们心中的禁忌，压制他们的气势、抓住主动权才是胜利的关键。

在一次侦破刑事案件的调查中，一位FBI和一位名为黛拉的女子进行了谈话，当时这位FBI经过了乔装打扮。当他看到黛拉独自一人坐在角落喝咖啡的时候，他便找了个好借口上去和她搭讪。两人聊得很投机，从一些很轻松的话题开始，比如童年、小狗、成功的减肥案例，等等。没过多久，黛拉的心理防线便渐渐松开了，这位FBI就渐渐将话题向工作的重点上引。

FBI："最近有一则新闻说，在普莱诺市，一伙劫匪闯入了银行抢劫，但是好在该银行的工作人员很机警，结果劫匪们失败了。"

黛拉（声调提高）："是吗？我很少看报纸。"

FBI："警方已经查看了监控录像，很难想象这些人可以躲到哪里去，因为录像的画面很清晰。"

黛拉（继续高声）："警察会抓住他们的！但是这又和我有什么关系呢？一点儿关系都没有。我没有钱存进银行，更不用关心什么人去抢银行了。"

短短几句话，这位FBI就知道，他们可以结束交谈了，因为在此之前，黛拉的情绪一直都很稳定，没有任何波动，而谈到普莱诺市的银行抢劫案时，她立马就提高了自己的声音，变得有些急躁，这样看来，她的嫌疑也就被扩大了。结果也证明这一推论的正确，黛拉就是这起抢劫案的接线员，参与了犯罪。

（4）突然的友善是说谎者为你准备的"糖衣炮弹"

俗话说，无事献殷勤，非奸即盗。当然这句话有失偏颇，绝不是我们判断真伪的不二法则。但这句话也有一定的合理性和可信度。

由于性格的不同，一部分人在说谎时会选择提高说话的声音、或者死死盯住对手的眼睛，以此来压制对手；也有一些人会选择"贿赂"对手以博取主动权。比起前一种做法，FBI的经验告诉我们，这一类人是在使用糖衣炮弹，以较低的姿态来攻击对方，往往当目标主体清醒过来之后，一切都已经晚了。

实际上，这说起来容易，做起来难，往往有很多人就是如此——遇到和颜悦色的对手时，往往失去了戒备心理，变得麻痹大意。如果这些说谎者想要说谎蒙蔽对方的时候，就会精心设计自己的言行举止，来迎合对手，以瓦解对方的心理防线。

在面对这类说谎者的时候，FBI建议我们，一定要先从对方的心理角度去思考问题：他们要带我去哪里？他们的目的是什么？我现在身在何处？一般而言，这些大献殷勤的说谎者往往是抱着麻痹对手的心态而来的，当他们需要掩盖事情的真相时，就会用撒谎来完成这一任务，然而，因为撒谎带来的愧疚感让他们觉得，必须作出一些"补偿"来平衡自己心中的愧疚，因此就会对对方刻意奉承，而这些举动也能更好地掩饰自己的谎言。在和这类对手周旋的时候，FBI认为，开门见山直接点出主题，是避免对手发动糖衣炮弹攻势的最佳途径。

曾经听过这样一则小故事：詹妮打碎了家里的金鱼缸，她怕妈妈知道后会生气，于是她就在妈妈回到家时，一改常态地忙前忙后，端茶又送水，还给妈妈捏腰捶背。还没有等詹妮开口说话，妈妈就看出了端倪，直接问道："你犯了什么错误吗？"就这样，妈妈在一开始就扑灭了詹妮的感情攻势，直接点出主题，让詹妮的"计谋"直接被扼杀在摇篮里。

7 如何拆穿对方的谎言

前面我们论述了很多关于说谎人说谎的特点，那么FBI又是如何拆穿对手的谎言呢？拆穿谎言可不是那么简单的，FBI常常会遇到一些老奸巨猾的疑犯，他们巧妙地运用各种手段来和FBI展开斗争。尤其是，在信息渠道越来越多元化的今天，很多穷凶极恶的犯罪分子也掌握了一些高超的反侦查技能。因此，如何与犯罪分子打心理战，让他们走入已设计好的圈套就成了FBI研究的重中之重。

下面我们就来看看FBI是如何拆穿这些人的谎言的。一般FBI采取的手段有以下几种：

(1)用重复发问的方式来击垮对手

这种方法的原理在于：人在说谎的时候，会有"谎言状态"与"非谎言状态"之分，很多人在说谎时会很认真，到了后来自己都被自己给骗了，这个时候，他就处于"谎言状态"。而这个状态不会一直持续下去，它会随时间的流逝渐渐消失，等这种状态过去后，他就处于"非谎言状态"。FBI认为，处于"谎言状态"的嫌疑人都会作大量的心理准备，甚至有可能他们在脑海中已经将假象转化为事实了，此时审讯，是很难找到破绽的，只有当他们回归平静，从自己的幻想中回归现实之后，才是突破的好时机。

有一次，FBI在审讯嫌疑人时，他们先是问了嫌疑人几个很尖锐的问题，但是很快发现对方的回答很严密，根本挑不出漏洞来，于是FBI没有再继续提出类似的问题，而是将话题引到别的问题上去，谈一些无关紧要的话题。

在这个过程中，FBI突然间蹦出了一句："你在案件发生的时候，都去了哪里？"

这个时候，嫌疑人很不高兴地回答道："我和朋友在一起唱歌，他们都可以作证。"

"唱完歌之后呢？你们一共唱了多久？"

"一直到凌晨两点钟，拜托，我告诉过你的。"

到此FBI再没有继续追问这件事，只是继续和疑犯聊其他话题，就这样，又过了很长时间，审讯者又问了关于案发时间对方去了哪里的问题，这一次，嫌疑人很生气，大声说："我要把这个该死的答案给你说一百遍吗？我去唱歌了！请你记住！"

在FBI看来，这个时候的嫌疑人已经丧失了理智，他平和的心态已经被打破了，这个时候就是他走出"谎言状态"，步入"非谎言状态"的开始。于是联邦警察不依不饶地继续追问："那么你们一共唱了多久？唱完歌后去了哪里？"

"唱到两点，然后回家。回家就睡觉，一直睡到天亮。"

面对激动的嫌疑人，联邦警察继续狂轰滥炸，将所有准备好的问题全部抛出，一遍又一遍地冲击对方的心理防线，终于成功地将对手击垮，说出了事情的真相。

我们可以从上面这个例子看到：对于一些早有准备的对手，FBI不是一味攻击对手，而是避其锋锐，一直到了对方走出"谎言状态"之后，他们才展开攻势，一举攻破对手的心理防线。

（2）因势利导，从口误中寻找突破口

一般情况下，"口误"常常不被人们所在意。但是在FBI眼中，口误就成了研究对手心理变化的一个重要突破点。

在我们的日常生活中，口误人人都有，常常是因为紧张或者着急所致。因为当事人一时间大脑反应速度没有跟上嘴的发音，所以很容易发生口误。而FBI更看重的是另一种口误，那就是人们常说的"说漏嘴了"。

在FBI和嫌疑人的交流中，如果对方是真正的罪犯就会十分紧张，他会有意识地回避一些问题，于是会发生口误。

在这种情况下，"口误"就代表嫌疑人心底的秘密，而这，就和案情有关。

依然是一个FBI审讯嫌疑人的场景。这一次FBI的对手是一名工程师，他被怀疑杀害了自己的朋友。

FBI："请问当天21点到23点，你在什么地方？"

工程师："我那个时候不舒服，吃了点儿药睡下了。"

FBI："什么药？多大量？"

工程师："安眠药。两片。然后就一直睡到闹钟响起，我一看，已是早上7点半，该起床了。"

FBI："什么时候睡下的？中间没有醒过吗？"

工程师："开玩笑，服用了两片安眠药！我接近21点的时候吃的药，我保证自己睡得很香，一直没有醒过。"

FBI："嗯，没错，这也是个办法，睡一觉之后通常会痊愈。"

工程师："对的，我第二天早上起来就感觉自己已经好了，有时候我也给自己的小狗吃，以免它晚上叫个不停。"

FBI："当天晚上它叫了吗？有些狗每天夜里都会叫个不停。"

工程师："叫了，它使劲儿叫，我急了给了它一下，结果它叫得更凶了。最后连邻居们也被吵醒了。"

说完这句话后，细心的FBI已经得到了他们要找的情报，因为对方在这里暴露了一个严重的矛盾，既然自己一开始就"睡得很香"，那么后来"邻居被吵醒"必然和之前的回答产生矛盾。也就是说，工程师在撒谎。

于是FBI继续展开调查，事实很快就浮出水面——原来工程师当天并没有生病，更没有吃药，他去了朋友家里，在一场激烈的言语冲突中他失手杀死了朋友，回到家时，他的宝贝狗叫个不停，引起了邻居的不满。

(3)通过海量的信息打开说谎者的心理

同样，在一个人的一生中接触到的信息是无法计算的，有些信息会在一段时间内消失，还有一些信息则会长期保留下来。FBI认为，在犯罪分子的脑海中就有很多信息抹不去，当这些信息出现在这个人眼前的时候，就会和他脑海中的原有信息产生共鸣，冲击犯罪嫌疑人的心理防线。

在FBI办案的过程中，很多时候，由于资料、头绪、线索的缺乏，使得案件进展非常缓慢，这就需要通过海量的信息对嫌疑人进行"轮番围攻"，这是一个相对而言比较笨拙的办法，但是由于可操作性高，易于上手，已成为如今使用较广泛的审讯方法。

纳瓦罗给我们讲了这样一个案例：1987年7月9日，美国发生了一起非常严重的间谍案，最终有一名士兵被FBI抓获。事发前这名士兵试图偷窃非常敏感的高度机密文件，如果这些文件被偷走，那么会对国家安全产生极大的威胁。虽然直接作案者被逮捕了，但是FBI还必须确认，这名士兵背后是否有指使者、同伙。然而问题随之而来，这名士兵自从被逮捕之后就拒绝承认自己有同伙，他只愿意自己承担罪责。FBI希望用爱国热情来感染他，要他考虑成千上万的百姓的立场，但是这一切都无济于事，士兵依然很固执地回答："只有我一个人，再没有同伙了。"

事态陷入了僵局，情况也比较危急。基于此，FBI经过研究分析后确定了32名嫌疑人，根据这些人的特征制作了32张卡片，每一张上面都印有这些嫌疑人的图像。然后，他们找来了肢体语言专家、《FBI教你破解身体语言》的作者纳瓦罗，让他带着这些卡片去见那名被捕的士兵。

纳瓦罗将这些卡片交给士兵看，一次只看一张，并且让他看见后对其进行描述。那名士兵说的话并不是这名专家最关心的，他只是细细地研究士兵看到每张卡片时的表情变化。在这32张卡片当中，当士兵看到其中两个人的图像时，他抬了抬眉毛，瞳孔也缩小了。专家知道，抬起眉毛表示士兵和画面里的人是认识的，而瞳孔缩小则表示，他感觉自己受到了威胁。纳瓦罗已经得到了他想要的信息了。

到了第二天，FBI将那两张引起士兵反应的照片摆到他面前，对他说："跟我说说他吧，还有这个人。"士兵顿时大惊失色，他问道："你们是怎么知道的？"FBI冷冷答道："难道你以为你是唯一一个和我们合作的人吗？"此时，士兵的心理防线终于崩溃了，他咬紧牙，开始咒骂起那两个"叛徒"来，结果，所有的参与者都被供认出来，FBI再一次成功地破获了要案。

Part 08

交际中的制胜心理学——
FBI人际交往中的心理操控策略

对大多数人来说，如何与人交流是他们最大的问题。FBI作为一个特殊的机构，他们需要面对的不仅仅是普通百姓，更多的是杀人越货、飞檐走壁的大盗。聪明的特工通过一系列的技巧和手段打开对方的心扉，完成采访、取证。很多时候，这些特工还不得不面对如何同类似政府官员、线人打交道的问题。因此如何能成功地把握对手的心理就成了FBI破案制胜的关键，而对大多数人来说，在日常的人际交往中如果能巧妙地运用心理操控术也将使你在人际交往中如鱼得水。

如何让对方敞开心扉，消除对方的心理戒备

面对可能面临的法律制裁，每一个犯罪分子都会产生强烈的畏罪心理，这也是他们采取心理戒备的根本原因。这一点出自动物本能的自我保护意识，是每个人都有的。由此可见，不论是在日常的人际交往，还是FBI的审讯过程中，如何打开对方的心扉、消除对方的心理戒备就成了彼此交流是否成功的第一步。

从心理学的意义上来说，大多数人都认为祸从口出，往往不主动开口说话，即使是开了口，也都是经过严密思考的，也会尽可能避免矛盾和漏洞，不让他人抓到把柄和突破口，以此来营造一个自我保护的体系。

然而，对FBI来说，那些不肯开口说话的嫌疑人普遍缺乏安全感，他们对外界的不信任感是非常严重的。为了解释清楚这一现象，在这里我们不得不提一下安全感的含义。对于安全感的释义，人们是这样说的：它是对可能出现的身体或心理危险的一种预感，以及个体在应对事情时的有力或者无力感，主要表现为确定感和可控感。联邦警察强调，这里面有两个关键词，如果将这两个词好好地运用起来，

那么和当事人的交流就一帆风顺了。这两个关键词就是"确定感"和"可控感"。

为此，FBI总结出以下几点来应对其与嫌疑人展开的心理战：

（1）选取适当的时间单独和当事人交流，以此保证对方的"确定感"

这种方式被更多地运用在部分案件知情人身上，因为害怕遭到报复、袭击等，相当一部分目击者、知情人都对向警方提供情报心存芥蒂，这就必然会影响案件的进度。历史上主犯杀害知情人、目击证人的案例比比皆是。所以，很多时候，保护知情人就成了FBI的头号任务，而在此过程中，一个安全、私密的交流空间也就必不可少了。

FBI在调查知情人的时候，往往会选择对方比较熟悉的地方碰面，以此来减轻他们对环境的陌生感和不适应程度。这一点比较容易做到，当然，FBI会尽量避免在知情者住所中展开调查的情况，因为只要这些知情者在潜意识里认为向警方提供证据是危险的，那么他们就更不乐意将这一危险的行动安排在自己家中。所以，FBI往往在和知情人交流的时候，会选取一个"第三方地点"，比如知情者熟悉的某家咖啡厅的一角。

而FBI在审讯真正的犯罪嫌疑人时，如果协同审讯的警察太多，也会使得嫌疑人产生心理上的不确定感，他们会怀疑自己到底可以相信哪一个人？同时，人多势众的"敌方"也令他们反感，于是跟警察对着干、不配合也就顺理成章了。因此，在审讯嫌疑人的时候，联邦警察往往会在安静的小屋子中进行，且只留下嫌疑人和一到两名警察。

一次偶然的车祸，使苏菲成为一起恶性连环车祸的目击证人，但是她却不愿意为警方提供证词，这一点引起警方的怀疑，最开始他们认为苏菲和肇事司机有关系，但是后来经过调查，这名司机并不认识苏菲，警方也没有足够的理由强行审问苏菲。这个时候，经验丰富的

FBI在经过对苏菲的观察了解之后发现，苏菲是一个非常善良懦弱的人，胆子很小，为人很谦让，结过婚，但是后来和丈夫分开了，一直承担着单身妈妈的职责。

为此，FBI就认为，苏菲不愿意指证肇事司机，更多的是为自己和孩子的安全着想，于是，FBI总部特别委派了一名女特工专门负责打开苏菲的心结。这名女特工接到任务后，带苏菲参加了一次化装舞会，就在这个嘈杂热闹的舞会上，苏菲终于打开了自己的心扉，原来早在车祸发生前，她就偶尔听到有人秘密筹划这起车祸，她疑心这是一起和黑势力有关的谋杀案，由于担心自己和孩子的安全，所以她选择沉默。

最后，案件被顺利告破，然而这只是一起普通的酒后交通事故，并不是苏菲以前偶然听到的那个密谋。苏菲在这起案件中就扮演了一名知情人的角色，由于她缺乏确定感，对自身的安全有很大担忧所以不愿意同警方合作，但是聪明的女特工成功地帮她解除了恐惧，让她说出了她所看到的事。

(2)通过示弱来带给对手安全感

很多时候，FBI在面对嫌疑人的时候，通过一时的示弱也是其取得情报的手段之一。这一点和自然界中对立万物的道理是一致的，一方表现得强势了，另一方必然就表现得孱弱，反之亦然。

通常情况下，人与人的交流应该是在同等的心理水平线上的，但是这条水平线会因为两人的身体条件上下浮动，处于正常水平线以下的人就会觉得压抑，缺乏安全感，在这样的情况下，他就很难将自己心中的意念全部托出，就会阻碍彼此的交流。对FBI来说，这点在和知情人的交流过程中体现得尤为突出，FBI就处在知情人的对立面，所以在很多时候，如果需要增强知情人的自信心和安全感，那么FBI就需要通过向对手示弱来达到这个目的，进而抬高知情人的心理水平线,让他们毫无顾忌地将实情全部说出来。

有一次,在地方警局审理一名顽固的盗贼过程中,他们用了很多招数都不能使这名大盗开口供出自己的同伙,尤其是一些过激的言行十分令犯人反感,导致他再也不肯开口说一句话。

FBI后来介入了调查,对这名罪犯进行分析后得知,由于这名嫌疑人在平时生活中很缺乏安全感,也很反感暴力。为此FBI从队伍中挑选了一名身材瘦小的特工,由他单独审讯对手。

当这名看上去手无缚鸡之力的FBI走到强壮的犯人面前时,这名犯人立刻坐直了身子,而他很久以来都是半弯着腰,但仍然一言不发。FBI知道,他们目标的第一步已经达到了。之后,我们的特工尝试着问了几个问题,犯人依旧不开口。特工甚至告诉嫌疑人,他们没有使用任何录音、摄像设备,但是犯人只是抬起头看了我们这位特工一眼。很快,特工起身离开了审讯间。不过,在此期间,特工的态度一直很温和。

过了二十分钟,FBI又换了几名身材高大、面貌凶恶的特工进去审讯,很显然,疑犯根本不愿意看他们一眼。当然,这也是在FBI的预料之中的。当这批人走后,他们又指派了一名高大的警察对疑犯进行单独审讯,这一次,犯人终于开口了,他要请开始的那位"小个子"进来,也就是那个在身体上对他不造成任何威胁的特工。最后,在这名小个子特工的引导下,窃贼说出了同伙,案件也顺利告破。

在这个案件的审理过程中,FBI有意压低自己的势头,无形中减轻了嫌疑人的心理压力,同时在心理上对其进行循循善诱,最终攻破了对方的心理防线,成功完成了任务。

此外,示弱通常还包括一些语言交流技巧。在名震一时的加州连环杀人案发生不久后,凶手理查德·蔡斯被捕入狱,虽然他承认了自己的罪行,但是他却对"如何选择被害人"的问题闭口不谈。

从FBI对其的个性分析来看，理查德为人孤僻，除了父母之外，他很少相信别人，甚至在案发之前他和母亲也闹僵了。这使得他更难接触。

因此，这个艰巨的任务就交给了训练有素的FBI特工雷斯勒。在提到自己为什么要喝人血时，理查德说道："有人给我下毒，我只有通过补充新鲜血液，才能避免自己身体里的血液变成粉末。"这很明显是一句胡话，只是这个病态的精神分裂者自己的凭空臆想。如果是普通人，会当即指出其中的荒唐，但是作为专业的联邦特工，雷斯勒需要顺应理查德的观点，哪怕是一点儿吃惊的神情都不能流露出来。这样理查德就感觉到自己得到了别人的信任，才愿意继续说下去。

接着他还对雷斯勒说："我的头上有一颗大卫星，你看到了吗？"对于这种嫌疑人装神弄鬼的情况，雷斯勒明白他绝不能直接驳斥，这样会让对方产生抵触心理，但是也不能曲意奉承，因为不排除嫌疑人故意用谎言来试探自己。在这样的情况下，雷斯勒竟回答理查德道："哦，对不起，我这里灯光很暗，看不清你头上的东西。"

就这样，聪慧的FBI在语言上一直忍让着嫌疑人，将嫌疑人摆到一个占据主动权的位置上，最终使这个疯狂的连环杀手敞开了心扉，对警察供认了与案件有关的所有事实。

(3)通过研究对方童年、成长历史来寻找突破口

第三种方法主要是从一个人的童年、过往来研究其心理。心理学家指出，一个人的童年会对他的成长产生不可估量的影响。所以说童年经历是研究嫌疑人犯罪心理的必选题，这一点也更多地被运用到一些带有精神分裂倾向的罪犯身上。

FBI研究发现，很多犯罪分子都或多或少存在精神上的问题，往往是由于精神上的压抑、变态，使得他们脱离了理智的约束，回到原始生物的纯野性状态，在这一状态的驱使下，他们的行为往往是无法用正常人的逻辑来推理的。这就如同历来无数的艺术大师，在追求自己毕生的梦想过程中，不单单展示着自己的艺术感悟力，同时很多人也流露出其精神世界的与众不同，如梵高、如达·芬奇、萨特等艺术奇才，他们很多都患有严重的抑郁症。如果问海明威最后为什么要开枪自杀，仅仅从"病痛"两个字来解释恐怕远远不够。同样，对于穷凶极恶的犯罪分子，FBI势必会领先一步进入他们的精神世界，进而把握他们的心理。

上个世纪80年代，世界头号杀人王亨利·李·卢卡斯的事迹就是一个典型。

1998年，这个大名鼎鼎的杀人犯被判处死刑，而此时，世人在他的身上缀满了无数令人不寒而栗的头衔："史上第一杀人魔"、"严重精神分裂者"、"食人魔"、"奸尸癖"、"臆想症"，也难怪这个独眼的魔鬼甚至连自己的亲生母亲都残忍杀害，是人类史上最凶残的怪物。

自从1983年被捕之后，警方就展开了对卢卡斯的调查，这个杀人犯自称作下了600起命案，而当警方寻求细节的时候，他却往往推辞说自己记不清了。此外，他的供词真假难辨，有些事情听起来像是真的，但是有些事情却并无逻辑可言，这给警方办案带来了麻烦，甚至该不该为卢卡斯减刑，都成了警方的困惑。

FBI在研究卢卡斯的童年和成长经历之后发现，这个人确实有极明确的作案动机。

卢卡斯的童年是悲惨不幸的，他的爸爸因为工伤残疾了，而母亲又是一个酗酒的妓女，小时候母亲就是他和爸爸的噩梦，她常常殴打、责骂他们，他的头部由于被母亲重重击打而伤到了大脑，一只眼睛也是被母亲打伤的。这使得童年的卢卡斯变得残忍冷血。他常常会抓来小动物，折磨它们，以此来发泄心中的怒火。而他被捕之后，他的精神分裂更是不可调和，他甚至用吹嘘、捏造犯罪事实来满足自己内心的欲望。因此，他时常幻想着自己又杀了谁、又有谁落入了他的魔爪，等等。

在了解了卢卡斯的"非人化"童年经历之后，FBI也就恍然大悟，找到了眼前这个毫无人性的恶魔作案的真正理由。到后来他一遍又一遍地告诉警察："嗨，我又想起来了，在那一天我杀死过一个人……"警察也有了心理准备，或许这个老头子并没有杀害他口中的那个人，只是在报纸上看过相关的案件信息，或许他只是想在臆想中再过一把杀人瘾，借此来引起警察的注意。

总的来说，FBI在和疑犯、知情人打交道的时候，不论是为对方精心布置一个安全的交流环境，或是人为地抬高对手的心理水平线，抑或是根据嫌疑人童年经历来寻找其心理薄弱点，只有一个目的——操控对手的心理。

2 设法将对方的"主观"变成"客观"

对如何取得嫌疑人的信任，FBI还告诉我们，站在对方的角度看问题是非常有必要的。随着社会的进步，人们的自我意识也日益突出，尤其是一些孩子从小形成了以自我为中心的观念，久而久之，他们对外界的认知也变得个体化、主观化。因此，在很多重大刑事案件中，最开始警方都很难找到罪犯作案的目的，更不可能操控这些人的心理。对此，FBI认识到，要站在对方的角度，将他们眼中的"主观世界"客观化。

也就是说，当凶手在讲述自己的主观世界的时候，你不能反驳他。最好的方法就是，在一定程度上附和罪犯的个人观点，并且将其观点客观化，得到罪犯的认可。

事实上，要做到这一点并不容易，因为很难想象，在面对这些手段凶残暴虐的杀人犯时，警察要刻意掩饰自己的真实想法，将他那些充满邪恶、暴力的思想"合理化"。对此，最为专业的FBI也失过手。

在一次审讯一名杀害儿童的凶犯过程中，审讯凶犯的特工对其表现出明显反感。这让罪犯很恼火，于是两人的对峙越来越严重。这个时候，犯人要求打开窗户，并抽支烟。但是这名特工却大声斥责他道："坐下！回答我的每一个问题！"对此，犯人微微一笑，并没有和他争执，顺从地坐了下来。一般情况下，当一些内心凶残的人在极度愤怒的时候，会有意地压制自己的愤怒，这也是很多人走极端的前兆。经验丰富的FBI认识到了这一点，又换了其他话题，慢慢和他交谈起来。一时的剑拔弩张又渐渐平息。但是随后的一句话，使得这个犯人勃然大怒，特工也被迫结束了审讯。

FBI："如果没有犯罪，那么你有可能去做什么呢？"

罪犯："我很希望能做一名宇航员。"

FBI："最好在你的宇航舱里放上几个孩子是吧！"

正是这一句充满挑衅、敌意，还有歧视的话激怒了嫌疑人，他大叫起来，这一次审讯也就因此而结束。

在这方面，长期审讯凶犯的雷斯勒就老练得多。当他访问被关押在伊利诺伊州圣路易市的杀人凶手海伦斯时，他对这个被关押了近30年的凶手说："其实你只比我大8岁，我很小的时候就知道你了。那几个案件在当时很受关注，我们一群小伙伴，常常因此扮成侦探的样子，玩侦破游戏。"

海伦斯听后不禁微微一笑。雷斯勒又接着说："你是芝加哥人，我也在那里长大。当我们还小时，也许8岁的年龄相差很大，但是我们长大后，这个差距就消失了。"

就这样，雷斯勒没有用公众的视角来判断海伦斯的所作所为，而是用最贴近对方的角度来讲述海伦斯当年的暴力行径，这样做立刻缓解了彼此间紧张的矛盾对立关系，得到了罪犯的认可。

同样是一次采访杀人犯的经历，这一次雷斯勒面对的是一名叫曼森的罪犯，这个人是一个高智商的犯人，一直固执地说自己是被冤枉的。他说："如果你把底片弄反了，那么洗出来的相片就是反的。"他声称这个社会就像底片，而自己只不过是底片上的倒影而已。在他的蛊惑下，一些加入暴力犯罪案件的人都把他看做是耶稣再世，死心塌地地追随这个魔头。

当采访结束后，曼森还向雷斯勒讨要东西当做纪念，雷斯勒明白对方的想法，这个人只不过是想借助这些所谓的纪念品向其他囚徒炫耀罢了。一开始，曼森想要雷斯勒的调查局徽章，并且他一把将它抢了过去，但雷斯勒马上制止了他，于是他马上又盯上了雷斯勒的一个老式飞行员护目镜，结果雷斯勒就把护目镜送给了他。

雷斯勒很清楚，他知道曼森只不过是想拿着自己的信物回去向室友们吹嘘，证实他"又戏耍了一个联邦警察"，以此来获得成就感。

事实上也确实如此，当曼森得到那副护目镜、回到狱所之后，狱警当时就怀疑这副眼镜的来源，还带着曼森回来当面询问了雷斯勒。雷斯勒回忆说，当时狱警看自己的眼光很生气，根本不能理解他的这种行为。也正是雷斯勒将犯人眼中的主观世界成功客观化，意识到同犯人之间心理上的巨大差异，雷斯勒才能完成多数人都无法办到的事，成功采访了诸多"不可理喻"的囚徒，其中更不乏类似曼森这样的高智商杀人犯。

然而，将对方的主观概念全部认可、合理化也是需要谨慎的，尤其是面对那些心理扭曲的杀人犯时，一定要注意把握尺度。根据联邦警察多年来的观察经验证实，一些犯人抱有很强烈的明星意识，他们试图通过制造恐慌、混乱来名扬天下，享受那种人尽皆知的快感，这样的变态心理是需要积极打压的。

3
刺激对方的参与意识，变"被动"为"主动"

同样，由于嫌疑人都会具有强烈的自我保护意识，他们在接受审讯的过程中往往显得消极被动，因此这个时候刺激对方的参与意识就成了FBI的首要任务。虽然前面介绍的一些方法都可以用来刺激不配合者的参与意识，但是联邦警察用得更多的是变"被动"为"主动"的方式，刺激对方的参与意识。以下就是实现这个目标的几种途径：

(1)倾听后提出相应的问题

用心听嫌疑人的证词，并将之记录下来，是每一名FBI必备的素质。更何况，FBI面对的是一帮敏感、疯狂的暴徒，因此更要用心听。FBI还认为，要是在此基础上加入一些巧妙的提问，就会收到意想不到的效果。

从个人心理感受上讲，在别人愿意倾听的时候，诉说主体的心情就会变得愉悦起来，而在这个时候加入几句提问，就会让他感觉到，你是在认真地听他说话，对他说的内容很感兴趣，他也就更乐意往下说了。你也达到了刺激对方参与意识的目的，在一定程度上将变"被动"为"主动"。

在FBI的实战经验中，此观点也多次得到了有效验证。

对有经验的FBI特工来说，认真倾听嫌疑人的证词，并在此之后提出相应的问题，才是了解这些犯罪分子的最佳途径。

在一次审讯过程中，嫌疑人一坐到凳子上就开始说个没完没了，而被派去的特工华莱士并没有对此表现出厌倦，反而表现出一副兴致勃勃的样子倾听，当听到对方说起自己曾经玩过篮球，并在全国高中联赛上威风八面时，华莱士问了一句："我以前也在校队打过球，不幸的是我只是个替补。你当时打什么位置，中锋？"身材高大的嫌疑犯咧开嘴笑了笑说："对，我把他们玩得团团转，那些矮个子！"

华莱士："篮球就是巨人的运动，矮个子的人并不适合，除非他们有很好的技术。"

嫌疑人："说得对，而且我还很灵活，对付他们就像是一场游戏，根本不激烈。"

华莱士："你总喜欢对付那些看上去比较厉害的家伙，对吗？"

嫌疑人："是的，我选择的目标（受害者）大多都不怎么好对付，在其他人眼里他们很强壮，但是在我看来，这些人和那些球场上的小个子没有区别。"

就这样，华莱士通过几个简单的问题成功将对手引到了自己需要的话题上，在没有使罪犯感到厌恶的情况下，顺利完成了自己的任务。

（2）在审讯狡猾的罪犯时，要把自己当做一个"知情人"

在通常情况下，一些老奸巨猾的罪犯为了避免多次被提审，或者是为了表现得积极主动以减免罪责，他们会在接受审讯时口若悬河，夸夸其谈，在表面上看来，他们也许很配合警方的工作，参与意识也很强烈，但实际上，他们根本没有参与到调查中来。

当雷斯勒去采访曼森的时候，他就是这样做的。当他见到曼森之后,曼森就说了这样一句话:"当时鲍比带我去见几个毒枭……"

还没听完这句话,雷斯勒就故意插了一句说:"就是那个鲍比·比奥索来吗?"

曼森愣了一下。雷斯勒对此解释说:"他大概还没有料到我会知道鲍比·比奥索来这个人,但他明白,我是有备而来的,对他很了解,也就是说,他如果想要说谎的话,对我是没有用的。"

就这样,雷斯勒将自己当做一个"知情者"来和曼森交流,直接抑制了对方胡编乱造的可能,也使得对方对之后的交谈更小心谨慎,这样使得自己率先占据"主动"地位。换个角度,假如当时雷斯勒没有把自己当做"知情者",不去暗示自己掌握了海量信息的话,那么曼森还是会像对待其他人一样对待他,说很多毫无根据的话来混淆事实。由此可见,我们在与对手打心理战时,刺激对手的参与意识,将自己原本的"被动"位置变为"主动",是能扭转乾坤的有效方式。

FBI与非嫌疑人之间的交流

在FBI审理案件的过程中,经常要和各种各样的犯罪嫌疑人打交道,不只如此,作为敏感、身份特殊的国家特工,FBI们还需要处理好和自己的上级、同事,甚至政府之间的协调关系,这些交流说小了可以看做是内部交流,其实放开来看,在这些错综复杂的关系网中,这里更像是一个大社会的小缩影。大致分来,FBI和外界的交流主要集中在FBI与政府、FBI与线人、FBI与局长、FBI与社会几个方面。

(1)FBI与政府——公事公办,相安无事

FBI作为一个专业的特务机构,由于常常被指派去暗查政府官员的隐私、个人财产,所以他们和政府之间的交流显得比较尴尬、敏感,一方面政府将他们看做是得力助手,另一方面却又不得不小心翼翼地提防这群无所不能的人,生怕自己有什么把柄落入对方手中。在这样的情况下,如履薄冰的美国政府人员在对待FBI的态度上显得很矛盾,既要拉拢,又要排斥;既要使用,又要防范。所以,面对FBI,作为受关注的政府人员必须谨慎行事,因为在普通人生活里一点儿很常见的事物,落到他们身上就成了奇耻大辱,绝对不能为公众

所接受。

2007年7月30日联邦警察奉命搜查了阿拉斯加州联邦参议员泰德·史蒂文斯的住所，当时已经83岁高龄的史蒂文斯是美国共和党元老级的人物，是当时在任时间最长的共和党议员。FBI入室搜查的理由是怀疑这名州议员和一名因为贿赂入狱的女石油承包商有染，同时受到指控的还有泰德的儿子本·史蒂文斯。

美国政坛上一直是共和党、民主党竞争上位，因此纷争不断，泰德·史蒂文斯已经在共和党一派打下了深厚的根基，是一个举足轻重的大人物。并且，只要是有关于党派、民族之间的纠纷，都会带来巨大的震荡。很多人相信，类似泰德这样的案子，是不会得到公正的处理的。可以说，这一次闯进泰德的家中，FBI特工们的压力是很大的。当时为了搜集资料查证，FBI向泰德出示了证件及搜查令。泰德没有说什么话，他示意对方可以行动了。

出乎警察们的预料，这一次调查取证进行得非常顺利，史蒂文斯家族的人想要上前来说点儿什么，但是当他们看到一脸正经的FBI时，都开始退缩了。可见，在办理公事的时候，FBI们保持冷静，并且最好做到一丝不苟，这是他们的工作态度，也正好为自己穿上了"绝缘外衣"。

确实，在公开调查某一个政府官员的时候，联邦警察是必须持有相关命令的，这样对他们的工作很有帮助，而且，在工作中尽量保持镇定、严肃，也是拒绝被拉下水的好办法。

同时，由于很多特工都是被选定执行机密行动的，他们与政府之间的直接联系就更加少了，早在胡佛时代，这个独裁者就将FBI设计成了自己一个人的工具，在随后的几十年里，联邦特工们只对自己的局长负责，而联邦调查局隶属司法部，是美国三权分立的巨头之一。可见，更多时候，FBI和政府是没有什么交集的，并不需要服从于总统的指令。总的来说，由于FBI工作的特殊性，他们和政府的关系可以说是不算太好，也不是很紧张。也正是FBI特工们长久以来公事公办的严谨作风在政府官员中间积累下了人气，2009年，北约高层也在阿富汗建立了一个类似美国联邦调查局的机构，帮助阿富汗打击腐败和犯罪，虽然不是正式的FBI机构，但是这个"调查局"成立以后也办成了几桩大案子，FBI在政府机构的威信和影响力可见一斑。

（2）FBI与线人的交流——用谨慎说话

为了让真相水落石出，很多时候联邦特工是无所不用其极，五花八门的针孔摄像机，形形色色的窃听器，然而工具的武装还是不够的，因为说到底这只是一种高科技手段，不具备自我识别能力，于是间谍这个具有思维识辨能力的工作被推上了前台。

可以说，为了求得资料，FBI在各个领域都安插好了自己的眼线，一有风吹草动就马上行动，毫不含糊。有资料显示，如今25%左右的黑客都已经归顺了FBI，成为了他们的卧底，专门协助联邦警察将那些网络犯罪分子抓捕归案。美国黑客杂志《2600》就表示，由于很多黑客不懂得相关法律条文，都在警方的重裁下转而为政府服务，这使得黑客之间的关系变得十分微妙。

当然，就如同我们在电影中所看到的一样，线人和卧底都是身处危险的工作环境中的，如果一不留心泄露身份，很可能就会命归黄泉，所以保密性在这些特工的身上就显得无比重要，而如何保密、如何和另一个线人接头，也就成了需要他们精心设计的问题。当初"水门事件"爆发的时候，就出现过这样的经典一幕。

当时因为"水门事件"把在《华盛顿邮报》任职的伍德沃德与FBI二把手马克·费尔特联系了起来，因为这件事涉及到了很多白宫高层，所以在找到足够多的铁证之前必须保密。在费尔特看来，这件事就只有他们两个人知道才好，也就是说，此后的每一次碰面，都是伍德沃德和费尔特两人亲自接触，不能通过第三个人。

伍德沃德回忆说："马克说我们之间得有一个联络信号，我就告诉他说，我有一面小红旗，是我女朋友逛街时捡到的，如果有需要，我就会摇动这面红旗，告诉他，我们该碰头了。"

但是凭借着FBI与生俱来的特质，费尔特觉得这远远不够，于是他告诉伍德沃德说，他们的会面必须是在凌晨一点到两点，并且在会面地点上也作了安排——一间地下车库。

"费尔特是非常警惕和敏感的，他告诉我说，如果需要碰头，那么我就得在午夜时分打车出旅馆，更让人受不了的是，我不能一直坐到终点，我得在另外几条街下车，然后步行走过去。一旦发现有人跟踪，就赶紧闪人，会议取消；如果到了时间有人还没有来，会议取消……"

伍德沃德的话正反映了这些天性多疑的FBI们的心理特性，他们处事小心翼翼，绝对禁止错误，这一点也正是后来轰动一时的"水门事件"能够公之于众的基本条件。

到了后来，伍德沃德将那面小红旗插在花盆上，如果有新的情报，那么他就会把这个花盆搬到阳台上，而费尔特也就明白，对方想要见他了。如果是费尔特有什么事情想要通知伍德沃德，那么也很好办，费尔特会在需要的时候在伍德沃德每天订阅的《纽约时报》的第20页画上标记，这也就是说："老地方见"。

时间过去了30年，费尔特和伍德沃德这两个人之间的暗语却无一次失手，令人称奇。

(3)FBI和民众之间的交流——用能力说话

FBI和普通美国民众之间的关系也是经历了一个变化过程的，在最初的那些时光里，由于局长胡佛的强硬态度，很多百姓对这帮动不动就翻墙入室的调查人员十分头疼，甚至有人编造了一些关于FBI的笑话，借此嘲笑他们的固执、愚蠢。20世纪60年代，胡佛甚至吩咐特工们使用电子监视手段，这一点违背了美国的民主思想，于情于法都不合理。在这一时期，普通民众对FBI的做法还是很不理解的，并且这种敌对的态度持续了很长一段时间。

但是随着时间的推移，民众对FBI的态度也渐渐转变过来，一方面是联邦调查局的领导们认识到了自我形象的重要性，加强了自身的亲和力；另一方面，也是他们屡屡破获大案，给民众带来了安全感。

尤其是经过1966年的"米兰达事件"之后，美国上上下下的警察都认识到了规则的重要性。

1966年，美国西南部的亚利桑那州发生了一起强奸案，罪犯的名字叫做欧内斯托·米兰达，在被抓获后，警察没有告知米兰达他可以选择"保持沉默"，后者也痛快地供认了自己的犯罪事实。但是随后意想不到的事情发生了，法院认定警方没有在取证前告知嫌疑人"你有保持沉默的权利"，因此犯人的供词只能被算做"诱供"，不能算数，米兰达被无罪释放，人们怨声载道。此后，FBI更是在公众场合严格按照步骤例行公事，绝不逾越。

再往后，由于联邦警察陆续将一些穷凶极恶的犯罪分子缉拿归案，比如高迪家族、曼森家族等等，名动一时的三K党也在FBI的打击下销声匿迹，民众对联邦调查局的认可度渐渐提升了，这种好感在九·一一事件爆发之后达到了一个高峰，此后，美国特工的能力得到了广泛的认可。在最近的一次调查中，普通民众对FBI的认可度已经超过了75%，要知道在上世纪60年代，他们还被当做无所不用其极的狗仔队，不受人欢迎。

1983年秋天，在奥哈马发生了一起儿童被杀的案件，受害者叫做丹尼，只有13岁，活泼可爱，很受邻居和朋友的喜爱。丹尼的惨死激起了很大的民愤。但是在找到尸体后，警察们发现，丹尼的肢体已经被严重毁坏了，也就是说，一部分证据也被凶手毁掉了，因此，很难找到破案线索。

一位精明的FBI雷斯勒马上作了一份犯罪分子的心理侧写，用来协助破案。

他写道："这是一个20岁左右的单身白人男子，最高学历是高中毕业，身材瘦弱。他是开车去的，有驾照，第一次作案，并且有可能和死者认识。"

雷斯勒的侧写后来被证明是高明的，几个月后，连环凶手裘伯特被抓捕归案，他的特征几乎和这名FBI特工的推断完全一致：单身白人，21岁，高中毕业，很瘦弱，喜欢看侦探小说，家中凌乱不堪。

"我的推理不是没有依据的凭空瞎想，这些都是基于一些经验、理论得来的。"雷斯勒说："因为受害者失踪的地方就在白人区，如果是一个其他肤色的人闯入这个区域的话，他一定会被发现；并且丹尼的尸体上没有穿衣服，那么这就很可能是一起性犯罪，以往的经验告诉我，性犯罪大多都是白人对白人，黑人对黑人；凶手身材瘦弱，智商一般，也就很难找到女朋友，所以他一直离群索居，也不会照顾自己；从现场的一些作案手法上来看，他喜欢读侦探小说。"

在普通百姓眼里，这个案件的破获很了不起，因为凶手裘伯特的作案手法一次比一次残忍，并且是跨州杀人作案，由于凶手有分尸的行为，现场找到的证据也非常少，但就是在这样一个困难的条件下，联邦警察用了极短的时间顺利破案，大大地鼓舞了人心，也进一步提升了FBI在美国大众心目中的形象。

不光是裘伯特这样的以残杀儿童为乐的凶手，FBI还成功抓捕了带有邪教意味的杀人组织"曼森家族"、以及杀害目标人，饮用人血的连环杀手蔡斯、流窜杀人，穷凶极恶的泰德·邦迪……这些曾让美国人噤若寒蝉的人，都是在FBI的打击下逐一绳之以法的。可以说，FBI

是用高超的能力为自己扬名立万，改变了自身形象的。如今我们再来看这个外表光鲜，被贴满了无数荣誉标签的美国联邦调查局时，却很少有人知道，他们也是付出了巨大的努力才走到这一步的。

参考书目

1. FBI教你破解身体语言．[美]纳瓦罗．[美]波茵特著．于乐译．2010年07月．中华工商联合出版社有限责任公司
2. FBI教你破解身体语言．[美]乔·纳瓦罗．马文·卡尔林斯著．王丽译．2009年04月．吉林文史出版社
3. FBI教你破解身体语言．胡宝林编译．2011年01月．中国华侨出版社
4. 读人．[美]狄米曲斯．[美]马扎瑞拉著．张芃译．2009年03月．天津教育出版社
5. 5分钟和陌生人成为朋友．[美]唐·加博尔著．灵思泉，韩俊燕译．2007年08月．京华出版社
6. 读心术．[瑞典]费克萨斯著．冯扬译．2010年04月．山西人民出版社
7. 读心术2：口袋里的心理治疗师．[美]德蕾丝·博洽德著．冯扬译．2011年04月．山西人民出版社
8. 爱因斯坦档案：美国联邦调查局对世界最知名科学家的秘密监控．[美]杰罗姆著．席玉苹译．2011年02月．广西师范大学出版社
9. 成为美国联邦调查局探员．[美]霍尔登著．蒋平译．2009年09月．译林出版社
10. FBI美国联邦调查局全传——联邦警察的罪与罚．亚诺编著．2010年03月．凤凰出版社
11. 美国FBI重案实录．[美]赛琳杰著．杨凯，隆民庚译．2010年12月．江西高校出版社

12．我的FBI生涯．[美]弗里著．姚敏译．2010年01月．社会科学文献出版社
13．只需倾听．[美]马克·郭士顿著．苏西译．2010年12月．重庆出版社
14．看谁在说谎．[美]大卫·李柏曼著．项慧龄译．2007年12月．重庆出版社
15．你能掌控任何人．[美]李柏曼著．杨琨译．2010年12月．金城出版社
16．迈尔斯心理学．[美]戴维·迈尔斯著．黄希庭等译．2011年01月．人民邮电出版社
17．心理学研究方法（第九版）．[美]克里斯腾森（Christensen. L.）著．2005年05月．北京大学出版社
19．社会心理学．[美]戴维·迈尔斯著．2006年01月．人民邮电出版社
20．心理学与生活．[美]格里格·津巴多著．王垒，王甦等译．2003年10月．人民邮电出版社
21．拖延心理学．[美]博克．[美]袁著．蒋永强，陆正芳译．2009年12月．中国人民大学出版社
22．心理学导论．[美]库恩等著．郑钢等译．2007年06月．中国轻工业出版社
23．津巴多普通心理学．[美]津巴多等著．王佳艺译．2008年07月．中国人民大学出版社
24．瞬间洞悉人心．[日]桦旦纯著．常兆译．2009年01月．科学出版社
25．白宫智囊的读心术．[美]尼尔伦伯格等著．龙淑珍译．2011年04月．新世界出版社
26．认知心理学．[美]斯滕伯格（Sternberg. R. J.）著．杨炳钧等译．2006年01月．中国轻工业出版社
27．警察与社区．[美]普尔普拉著．杨新华译．2009年11月．中国人民公安大学出版社

28．特工人生"深喉"回忆录．[美]费尔特著．信强，白璐，程涛译．2007年09月．新星出版社
29．读心术．徐耀武著．2010年04月．机械工业出版社
30．身体语言：教你超强读心术．[英]博格著．林伊玫译．2010年08月．重庆出版社
31．心理读心术．[日]内藤谊人著．韩露译．2010年01月．南海出版社
32．身体语言读心术．彬子编著．2010年01月．哈尔滨出版社
33．FBI心理分析术：我在FBI的20年．[美]罗伯特·K.雷斯勒．汤姆·夏希特曼．江苏文艺出版社
34．不说我也知道你想干什么：察行观色三秒钟洞悉对方心理．[美]哈特莱著．田东宇译．2008年10月．京华出版社
35．身体语言密码．[英]皮斯等著．王甜甜，黄佼译．2007年12月．中国城市出版社